目　　次

- 第1章　文の構成 1
  - Ⅰ．文の要素 2
    - 1. 主語 2
    - 2. 述語動詞 3
    - 3. 目的語 3
    - 4. 補語 4
    - 5. 修飾語 5
  - Ⅱ．品詞 6
    - 1. 名詞 6
    - 2. 代名詞 6
    - 3. 動詞 6
    - 4. 形容詞 7
    - 5. 副詞 7
    - 6. 前置詞 7
    - 7. 接続詞 7
    - 8. 間投詞 7

- 第2章　5文型 8
  - 1. 第1文型　　S＋V 8
  - 2. 第2文型　　S＋V＋O 9
  - 3. 第3文型　　S＋V＋C 10
  - 4. 第4文型　　S＋V＋O＋O 12
  - 5. 第5文型　　S＋V＋O＋C 12

- 第3章　文の種類 15
  - Ⅰ．文の表現内容 15
    - 1. 平叙文 15
      - (1) 肯定文 15
      - (2) 否定文 15
    - 2. 疑問文 17
      - (1) 一般疑問文 17
      - (2) 特別疑問文 19
      - (3) 選択疑問文 20

　　　　(4) 付加疑問文 21
　　　　(5) 間接疑問文 22
　　　　(6) 修辞疑問文 23
　　3. 命令文 23
　　4. 感嘆文 25
　Ⅱ. 文の構造 28
　　1. 単文 28
　　2. 重文 28
　　3. 複文 29

第4章　名詞 31
　Ⅰ. 数えられない名詞 31
　　1. 物質名詞 31
　　2. 抽象名詞 32
　　3. 固有名詞 33
　Ⅱ. 数えられる名詞 34
　　1. 普通名詞 34
　　　　(1) 規則変化 34
　　　　(2) 不規則変化 35
　　2. 集合名詞 36

第5章　冠詞 38
　　1. 不定冠詞 38
　　2. 定冠詞 39

第6章　代名詞 43
　　1. 人称代名詞 43
　　2. 指示代名詞 46
　　3. 不定代名詞 48
　　4. 疑問代名詞 52

第7章　形容詞 55
　　1. 限定用法 55
　　2. 叙述用法 56
　　3. 数量を表す形容詞 57
　　4. 数詞 58

			(1) 基数詞	58
			(2) 序数詞	60
	5.	注意すべき用法		61

第8章　副詞　63
1. 単純副詞　63
2. 疑問副詞　68

第9章　前置詞　70
1. 時を表す前置詞　70
2. 場所を表す前置詞　73
3. その他の用法　78
4. 主な前置詞の個々の働き　80
    - (1) in　80
    - (2) at　82
    - (3) on　84
    - (4) of　86
    - (5) for　87
    - (6) from　89
    - (7) to　90
    - (8) by　92
    - (9) with　93

第10章　動詞　95
1. 原形　95
2. 現在形　95
3. 現在分詞形　99
    - (1) 現在分詞の作り方　99
    - (2) 現在分詞の用法　101
4. 過去・過去分詞形　102
    - (1) 過去形　102
    - (2) 規則動詞の活用　103
    - (3) 不規則動詞の活用　105
    - (4) 注意を要する活用　109
    - (5) 過去分詞の形容詞的用法　110
5. 未来形　110

		(1) 単純未来	110
		(2) 意志未来	111
		(3) 未来を表すその他の表現	111
	6.	状態の過去分詞と原因の現在分詞	113
	7.	自動詞と他動詞	114
	8.	状態動詞と動作動詞	115
	9.	進行形	117
		(1) 現在進行形	118
		(2) 過去進行形	119
		(3) 未来進行形	120

第11章　接続詞　121

1. 等位接続詞 …………………………………………………………… 121
2. 従属接続詞 …………………………………………………………… 124

第12章　助動詞　129

1. be …………………………………………………………………… 129
2. have ………………………………………………………………… 131
3. do …………………………………………………………………… 131
4. can, could …………………………………………………………… 133
5. may, might ………………………………………………………… 135
6. must ………………………………………………………………… 136
7. will, would ………………………………………………………… 138
8. shall ………………………………………………………………… 140
9. should ……………………………………………………………… 140
10. ought to …………………………………………………………… 141
11. used to ……………………………………………………………… 142
12. need, dare ………………………………………………………… 143

第13章　受動態　144

1. 受動態を作る文型 …………………………………………………… 144
2. 受動態の時制 ………………………………………………………… 145
3. 受動態の否定文 ……………………………………………………… 148
4. 受動態の疑問文 ……………………………………………………… 148
5. 助動詞がある文の受動態 …………………………………………… 150
6. 一般主語のある受動態 ……………………………………………… 151

  7. 注意すべき受動態 151

第 14 章　不定詞 **155**
  1. 不定詞の用法 155
   (1) 名詞的用法 155
   (2) 形容詞的用法 156
   (3) 副詞的用法 156
  2. 不定詞を用いた構文 158
  3. 原形不定詞 161
   (1) 知覚動詞 161
   (2) 使役動詞 161

第 15 章　動名詞 **163**
  1. 動名詞の形 163
  2. 動名詞の否定形 163
  3. 動名詞の性質 163
   (1) 名詞的性質 164
   (2) 動詞的性質 167
   (3) 形容詞的性質 168
  4. 動名詞の用法 169
   (1) 動名詞の意味上の主語 169
   (2) 動名詞の完了形 171
   (3) 動名詞の受動態 171
   (4) 動名詞の完了形の受動態 171
  5. 動名詞の慣用的表現 171

第 16 章　比較 **175**
  1. 原級の用法 175
  2. 比較級・最上級の作り方 177
   (1) 規則的な比較変化 177
   (2) 不規則的な比較変化 178
   (3) more/most のつく比較変化 178
  3. 比較級の用法 179
  4. 最上級の用法 181

第 17 章　完了形 **184**

- 1. 現在完了形 184
  - (1) 継続用法 184
  - (2) 経験用法 185
  - (3) 完了用法 186
  - (4) 結果用法 186
- 2. 過去完了形 187
  - (1) 継続用法 187
  - (2) 経験用法 187
  - (3) 完了・結果用法 188
  - (4) 過去の出来事よりも以前の出来事を表す過去完了形 188
  - (5) 時制の一致による過去完了形 188
  - (6) 仮定法過去完了形 189
- 3. 未来完了形 189
  - (1) 継続用法 189
  - (2) 経験用法 189
  - (3) 完了・結果用法 190
- 4. 完了進行形 190
  - (1) 現在完了進行形 190
  - (2) 過去完了進行形 190
  - (3) 未来完了進行形 191

第18章 関係詞 192
- 1. 関係代名詞 192
  - (1) who 192
  - (2) which 193
  - (3) that 194
  - (4) what 196
  - (5) 前置詞+関係代名詞 197
- 2. 関係副詞 198
  - (1) when 198
  - (2) where 198
  - (3) why 199
  - (4) how 199
- 3. 関係詞の継続用法 199
  - (1) who 199
  - (2) which 200

　　　　(3) when ……………………………………………………………… 200
　　　　(4) where ……………………………………………………………… 200

第 19 章　分詞構文 ……………………………………………………………… 201
　1. 分詞構文が表す意味 ……………………………………………………… 202
　2. 分詞構文の否定形 ………………………………………………………… 203
　3. 完了形の分詞構文 ………………………………………………………… 204
　4. 受動態の分詞構文 ………………………………………………………… 204
　5. 独立分詞構文 ……………………………………………………………… 205

第 20 章　仮定法 ………………………………………………………………… 207
　1. 仮定法現在 ………………………………………………………………… 207
　2. 仮定法過去 ………………………………………………………………… 207
　3. 仮定法過去完了 …………………………………………………………… 208
　4. 仮定法未来 ………………………………………………………………… 209
　5. その他の用法 ……………………………………………………………… 210

第 21 章　話法 …………………………………………………………………… 213
　1. 話法の原則 ………………………………………………………………… 213
　2. 直接話法から間接話法への転換の種類 ………………………………… 215
　　　(1) 伝達文が平叙文 …………………………………………………… 215
　　　(2) 伝達文が疑問文 …………………………………………………… 215
　　　(3) 伝達文が命令文 …………………………………………………… 216
　　　(4) 伝達文が感嘆文 …………………………………………………… 216

第 22 章　派生語 ………………………………………………………………… 218
　Ⅰ. 接尾辞 ……………………………………………………………………… 218
　　1. 名詞形を表す接尾辞をつけて名詞を作る …………………………… 218
　　2. 形容詞形を表す接尾辞をつけて形容詞を作る ……………………… 228
　　3. 動詞形を表す接尾辞をつけて動詞を作る …………………………… 232
　Ⅱ. 接頭辞 ……………………………………………………………………… 234

Reference ………………………………………………………………………… 249

索引 ………………………………………………………………………………… 250

第 1 章　文の構成

　文とは、ある感情や考えなどを表現するために、いくつかの単語が集まって構成されているものである。命令文を始め、特別に主部や述部が省略される場合を除いて、文は**主部(Subject)**と**述部(Predicate)**で成立する。主部は文の主題となる部分で「〜は、〜が」にあたり、述部は主題について述べる部分で「〜する、〜である」にあたる。文は常に大文字で始め、平叙文では終止符（.）、疑問文では疑問符（？）、感嘆文では感嘆符（！）を文尾につける。

（平叙文）　　　[主部]　　　　　[述部]
　　　　　　We　　　　enjoy music.
　　　　　　（私たちは　音楽を楽しむ。）

　　　　　　My friend　speaks three languages.
　　　　　　（私の友人は　3ヶ国語を話す。）

　　　　　　She　　　　is so worried about it.
　　　　　　（彼女は　　その事をとても心配している。）

　　　　　　He　　　　took an umbrella with him.
　　　　　　（彼は　　　傘を持って行った。）

　　　　　　You　　　didn't buy me anything.
　　　　　　（あなたは　私に何も買ってくれなかった。）

（疑問文）　　[主部]　　　　　[述部]
　　　　　　Do　you　walk your dog every day？
　　　　　　（あなたは　毎日犬を散歩させていますか？）

（感嘆文）　　　　　　　　[主部]　　　[述部]
　　　　　　How smart　your dog　is！
　　　　　　（あなたの犬は　何て賢いのでしょう！）

第1章　文の構成

Ⅰ．文の要素

　文の**要素**とは、主部の中心となる**主語**(Subject Word)、述部の中心となる**述語動詞** **(Predicate Verb)**、動詞の動作を受ける**目的語**(Object)、主語や目的語の叙述を完全にする**補語**(Complement)の4つの**主要素**と、これらの主要素に意味を加える**修飾語**のことである。これらの要素が組み合わさって英語の文が成立する。

1. 主語（Subject Word）
　「～は、～が」にあたる主部の中心となり、大部分が名詞と代名詞であるが、名詞に相当する*句や*節も主語となる。

　　＊句とは、連続した2語以上のまとまりが1つの品詞（名詞・形容詞・副詞）の働きをするが、それ自身では文[主語＋述語]の形はとらない。

　　＊節とは、接続詞・関係詞・疑問詞などに導かれる語群で、1つの品詞（名詞・形容詞・副詞）の働きをし、それ自身が文[主語＋述語]の形をとる。

　　　　　|主語|
　　　　My friend likes cooking.　　　　　（私の友達は料理が好きだ。）
　　　　←主部 →
　　　　(=名詞句)

　　　　|主語|　　|主語|
　　　　Tom and **Susie** are best friends.　　　　（トムとスージーは親友だ。）
　　　　←　主部　→
　　　　　(=名詞句)

　　　　|主語|
　　　　Being a musician is my dream.　　　　（音楽家になるのが私の夢だ。）
　　　　←　主部　→
　　　　　(=名詞句)

　　　　|主語|
　　　　What he said was wrong.　　　　（彼の言った事は間違っていた。）
　　　　←　主部　→
　　　　　(=名詞節)

2. 述語動詞 (Predicate Verb)

述部の中心となり、動作や状態を表す。be 動詞、一般動詞、助動詞がある場合には「助動詞」＋「本動詞」が述語動詞になる。省略して、述語あるいは動詞ともいう。

<u>The jacket on the chair</u>　<u>**is**</u>　my brother's.
←　　　主部　　　→　述語動詞
(その椅子の上にある上着は私の兄のもの<u>です</u>。)

We　<u>**saw**</u>　that film　last night.
　　述語動詞
(昨夜私たちはその映画を<u>見た</u>。)

You <u>**may use**</u> my computer if you like.
　　　述語動詞
(よろしかったら私のコンピューターを<u>使って下さい</u>。)

3. 目的語 (Object)

述語動詞が表す動作の対象となる語で、大部分が名詞と代名詞である。人称代名詞が単独で使われる場合には目的格になる。また、述語動詞の中には間接目的語の「～(人)に」、直接目的語の「～(物)を」という順番で、2つの目的語を必要とするものもある。

I like <u>**her** and **her sister**</u> very much.
　　　　目的語
(私は <u>彼女と彼女の妹を</u> とても好きだ。)

He bought <u>a beautiful **cat**</u>.
　　　　　　目的語
(彼は <u>美しい猫を</u> 買った。)

Mr. Tanaka taught <u>**them**</u> <u>**English**</u>.
　　　　　　　　　目的語　目的語
(田中先生は <u>彼等に</u> <u>英語を</u> 教えた。)

第1章　文の構成

4. 補語（Complement）

　主語や目的語についての叙述が不完全な場合に、叙述を完全なものにするために補い説明する語である。つまり、主語や目的語がどういうものであるか、またはどういう状態にあるかを説明する働きをする。主として名詞、代名詞、形容詞であるが、名詞句、形容詞句、分詞などもある。

(1) 主格補語（Subjective Complement）

　主語についての叙述を完全にする補語を主格補語という。

　① 名詞の場合には 主語＝補語 の関係が成立する。

　　　She　is　a professional singer.　　　　She ＝ a professional singer
　　　 S　 V　　　　C
　　　（彼女はプロの歌手だ。）

　　　We　saw　a professional singer.　　　　We ≠ a professional singer
　　　 S　 V　　　　O
　　　（私達はプロの歌手に会った。）

　上記の2文には、どちらにも同じ名詞句の a professional singer が使われている。上の文では 主語＝補語 の関係が成立するので a professional singer は主格補語であるが、下の文では 主語＝補語 の関係が成立しないので補語としてではなく、目的語として使われていることになる。

　　　The fact is *that they married last week.　 The fact ＝ that they married last week
　　　　 S　 V　　　C　 名詞節
　　（事実は彼らが先週結婚したということだ。）

　　＊that 以下は、The fact の内容を説明する名詞節であり、 主語＝補語 の関係が成立するので、主格補語である。

　② 形容詞の場合には be動詞 を入れた文が成立する。
　　　The flower smells sweet.　　　　　　 The flower is sweet が成立する。
　　　　 S　　　 V　　 C
　　　（その花はよい香りがする。）

4

<u>The leaves</u> <u>turned</u> <u>red</u>.　　　　　　　The leaves **were** red が成立する。
　　S　　V　　C
（木の葉が赤くなった。）

(2) 目的格補語（Objective Complement）
　目的語の後にきて目的語についての叙述を完全にする語で、目的語の状態を示すこともある。

　　<u>She</u> <u>found</u> <u>him</u> <u>a very interesting person</u>.　　him = a very interesting person
　　 S　　V　　O　　　　C
　　（彼女は彼がとても面白い人だとわかった。）

　　<u>She</u> <u>saw</u> <u>him</u> <u>dancing in the classroom</u>.　　He **is** dancing が成立する。
　　 S　　V　　O　　　　C
　　（彼女は彼が教室で踊っているのを見た。）

　　<u>He</u> <u>left</u> <u>the door</u> <u>open</u>.　　　　The door **is** open が成立する。
　　S　　V　　O　　　C
　　（彼はドアを開けたままにした。）

5. 修飾語（Modifier）
　文の主要素について、様々な意味を付け加えて説明の役割を果たす。修飾語になるのは、形容詞や副詞であり、それらの働きをする句や節である。

(1) 形容詞的修飾語（Adjective Modifier）
　名詞や代名詞を修飾するもので、文の要素では、主語・目的語・補語を修飾する。

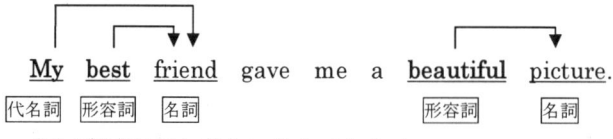

　　<u>My</u>　<u>best</u>　<u>friend</u>　gave　me　a　<u>beautiful</u>　<u>picture</u>.
　　代名詞　形容詞　名詞　　　　　　　　　　形容詞　　名詞
　　（私の親友は私に美しい絵をくれた。）

(2) 副詞的修飾語（Adverbial Modifier）

動詞・形容詞・副詞を修飾するもので、文の要素では述語動詞と補語を修飾する。

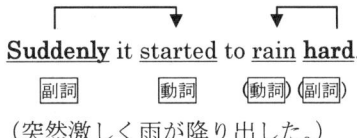

They looked **very** tired.
　　　　　副詞 形容詞

（彼らはとても疲れているように見えた。）

Suddenly it started to **rain** **hard**.
　副詞　　　　動詞　　（動詞）（副詞）

（突然激しく雨が降り出した。）

＊to 以下は不定詞の名詞的用法で、「激しく雨が降ること」という意味になり、動詞 started の目的語である。rain と hard は不定詞の中では動詞と副詞の関係になる。

Ⅱ．品詞（Parts of Speech）

文の主要素をそれぞれ構成する最小の単位が単語である。それぞれの単語は、文中での働きや語形変化の仕方によって、以下の８種類に分類される。この種別を品詞という。

1. 名詞（Noun）

人や事物の名を表し、主語・目的語・補語になる。数えられる名詞と数えられない名詞があり、数や格などの語形変化(複数形の s や所有格 Tom's など)がある。

［orange　　guitar　　student　　Stella　　Tokyo　　baseball　　kindness］

2. 代名詞（Pronoun）

名詞の代わりに用いられ、主語・目的語・補語になる。人称・格などの変化がある。

［I　we　you　he　she　it　they　this　that　these　those］

3. 動詞（Verb）

人や事物の動作や状態を表し、述語動詞になる。数・人称・時制などの語形変化(３人

称単数現在形、過去・過去分詞・現在分詞・動名詞など)がある。
　　［begin　come　do　get　have　hear　make　play　see］

4. 形容詞 (Adjective)
　　名詞を修飾して性質・数量などを表し、補語・修飾語になる。比較変化がある。
　　［beautiful　easy　few　kind　small　thick　warm　young］

5. 副詞 (Adverb)
　　場所・時・様態などを表し、動詞・形容詞・他の副詞などを修飾する。形容詞と同様に、比較変化がある。
　　［fast　hard　here　kindly　often　quickly　slowly　very］

6. 前置詞 (Preposition)
　　名詞や代名詞(目的格)の前に置かれて、名詞・代名詞と他の語との関係を表す。名詞や代名詞と共に形容詞句・副詞句を作る。
　　［at　by　down　for　from　in　on　out　to　up　with］

7. 接続詞 (Conjunction)
　　語と語、句と句、節と節とをつなぎ、等位接続詞と従属接続詞とがある。
　　［and　but　because　if　or　since　so　till　when　while］

8. 間投詞 (Interjection)
　　喜び・悲しみ・驚きなどの感情を表し、感嘆符がつくことが多い。文中で独立していて、他の語と文法的な関係がない。
　　［ah　alas　hey　hurrah　oh　ouch　well　wow］

第2章　5文型（Five Sentence Patterns）

　文とは、いくつかの単語が集まって構成されているものだが、文の主題となる**主部**とその主題について述べる**述部**から成る。主部の中心となる語を**主語**といい、述部の中心となる語を**述語動詞**という。文の要素として、**主語**（Subject）・**述語動詞**（Verb）の他に、**目的語**（Object）・**補語**（Complement）がある。これらの4つの要素が組み合わさって、5種類の文、つまり5文型を構成する。

　　　　　　　　　　　主語　　　述語動詞
　　　　　　　　　　My mother　bought me a nice sweater.
　　　　　　　　　　　主部　　　　　　述部
　　　　　　　　　（私の母が　　私に素敵なセーターを買ってくれた。）

1．第1文型　S+V

　述語動詞が目的語や補語を必要としない場合には、主語と述語動詞で文が構成される第1文型（S+V）になる。

　　　The meeting began at 2 p.m.　　　（その会合は午後2時に始まった。）
　　　　S　　　V

　　　The meeting began at 2 p.m. sharp.　（その会合は午後2時きっかりに始まった。）
　　　　S　　　V　　　　　　　副詞

　上の文では "at 2 p.m." は、動詞 began を修飾して副詞的な役割を果たしている2語以上の語群、つまり副詞句である。したがって、文型を構成する4つの要素である主語・動詞・目的語・補語には該当しないので、この文はSV文型、すなわち第1文型である。
　下の文では、sharp という副詞が加えられているが、これも文型を構成する4つの要素とは関係がないので、この文も第1文型である。

★注意を要する構文

　　There **is** **a piano** by the window.　　　　　（窓のそばにピアノが一台ある。）
　　　　　　V　　S　　　　　　　　　　　　　　この構文の There には意味がない。

　　Here **is** **your dictionary**.　　　　　　　　　（ここに君の辞書がある。）
　　　　V　　S

　上記の2文では、目的語は必要なく、be 動詞が補語を必要としない「～がある」の意味で使われている。したがって、2文とも SV 文型、すなわち第1文型と考えられる。
　また、there は be 動詞以外の自動詞と一緒に使われて There＋V＋S 構文も作るが、この構文も SV 文型、すなわち第1文型と考えられる。ここでも There には意味がない。

　　There **lived** **a beauty** in that village.　　（その村には一人の美女が住んでいました。）
　　　　　V　　　S

　　There **happened** **a miracle**.　　　　　　　　（ある奇跡が起こった。）
　　　　　V　　　　　S

2．第2文型　　S＋V＋C

　述語動詞が目的語を必要とはしないが補語を必要とする場合には、主語・動詞・補語で構成される第2文型（S＋V＋C）になる。この文型に用いられる動詞を**不完全自動詞 (Incomplete Intransitive Verb)** という。「～である」の意味を持つ状態動詞やその継続や変化を表す動詞、感覚を表す動詞などがある。形式主語で始まる文の多くも第2文型である。

　　補語になるのは、名詞か形容詞である。

　　She　is　an English.
　　S　　V　　C 名詞
　　（彼女はイギリス人である。）

　　She　looks　young　for　her　age.
　　S　　V　　C 形容詞
　　（彼女は実際の年より若く見える。）

<u>They</u> <u>kept</u> <u>quiet</u>.
　S　　V　　C 形容詞

（彼等は静かにしていた。）

<u>He</u> <u>got</u> <u>hurt</u> on his way home.
　S　　V　　C 形容詞

（彼は帰宅途中でけがをした。）

<u>This fruit</u> <u>tastes</u> <u>sour</u>.
　　S　　　　V　　　C 形容詞

（この果物は酸っぱい味がする。）

（不完全自動詞）

　　　［状態動詞］　　　　　　be　appear　lie　look　seem　stand
　　　［継続を表す動詞］　　　continue　keep　remain　stay
　　　［変化を表す動詞］　　　become　get　grow　turn
　　　［感覚を表す動詞］　　　feel　smell　sound　taste

3．第3文型　　S＋V＋O

　述語動詞が補語を必要とはしないが目的語を必要とする場合には、主語・動詞・目的語で構成される第3文型（S＋V＋O）になる。この文型に用いられる動詞は1つの目的語を取る**完全他動詞(Complete Transitive Verb)**である。第4文型でも使われる「授与動詞」と呼ばれる動詞は、間接目的語と直接目的語の両方をとる他動詞であるが、語順をかえて直接目的語を前に出すと間接目的語の前に前置詞が必要となり、文は第3文型になる。

(1) 動作の対象となる目的語(名詞か代名詞)をとり、「... を～する」という意味になる。

<u>Tom</u> <u>bought</u> <u>a necklace</u> for his girlfriend.
　S　　　V　　　　O

（トムはガールフレンドにネックレスを買った。）

＊for his girlfriend は、bought の修飾語にすぎないことに注意する。his girlfriend も bought の目的語として間違ってとらえられやすいが、**for は前置詞**なので、his girlfriend は bought の目的語にはならない。同様の理由で下記の例文も第3文型 S+V+O である。

The **boss gave** a difficult **task** to us.
 S V   O
（上司が私達に困難な任務を与えた。）

★ for をとる授与動詞

buy　choose　cook　do　find　get　leave　make　order　save　sing　play

 大部分の授与動詞は間接目的語の前に to をとる。to か for のどちらをとるかは、前置詞 to と for が持つ基本的な意味を考慮して判断すると良い。to は「何かが移動する」意味を含み、for は「〜のために、〜の代わりに（〜してあげる）」などの意味を含む。

(2) 名詞の役割をする句や節が目的語になることがある。

She wants to play tennis with you.   目的語が不定詞の名詞的用法（P.155 参照）
 S V   O
（彼女はあなたとテニスをすることを望んでいる。）

He likes watching TV.   目的語が動名詞（P.165 参照）
S V O
（彼はテレビを見ることが好きだ。）

We didn't know what to do.   目的語が疑問詞＋不定詞の名詞句
 S V   O   （P.156 参照）
（私達はどうしたらよいかわからなかった。）

They think (that) we are best friends. 目的語が従属接続詞に導かれた名詞節
 S V   O   （P.124 参照）
（彼らは私達が親友であると思っている。）

4．第4文型　　S+V+IO+DO

　述語動詞が補語を必要とはしないが、**間接目的語**(Indirect Object)と**直接目的語**(Direct Object)の両方を必要とする場合には第4文型（S+V+O+O）になる。何かを受ける対象者である「...に」にあたるものを**間接目的語（IO）**、「...を」にあたる主語が行う動作の直接の対象になるものを**直接目的語（DO）**という。したがって、第4文型の文は「... に ... を ～ する」という意味になる。直接目的語は句や節の場合もある。

<u>Tom</u>　<u>bought</u>　<u>his girlfriend</u>　<u>a necklace</u>.
　S　　　V　　　　IO　　　　　DO
（トムはガールフレンドにネックレスを買った。）

<u>The boss</u>　<u>gave</u>　<u>us</u>　<u>a difficult task</u>.
　　S　　　　V　　IO　　　　DO
（上司が私達に困難な任務を与えた。）

<u>He</u>　<u>told</u>　<u>us</u>　<u>what to do</u>.　　　　　　　　　目的語が**疑問詞+不定詞**の名詞句
　S　　V　　IO　　　DO
（彼は私達にどうしたらよいかを話してくれた。）

<u>She</u>　<u>told</u>　<u>me</u>　<u>that she was worried about her friend</u>.　　目的語が名詞節
　S　　V　　IO　　　　　　　　DO
（彼女は友達のことを心配していると私に言った。）

5．第5文型　　S+V+O+C

　述語動詞が目的語の後に補語を必要とする他動詞である場合には、**第5文型（S+V+O+C文型）**になる。この文型では、目的語に対する説明の役割をしているのが**補語**であり、**O(目的語)＝C(補語)の関係**、あるいは O と C が意味上の主語と補語の関係で、**be動詞**を入れた文が成立する。

第2章　5文型

(1) O(目的語)＝C(補語) の関係

　　They named their baby Mio.　　　　　their baby = Mio
　　 S   V   O   C　　　　　　　Their baby is Mio が成立する。
　　(彼らは赤ちゃんを実央と名付けた。)　　　 S   V   C　　(第2文型)

　　We think this a serious matter.　　　this = a serious matter
　　 S   V   O   C　　　　　　　　　This is a serious matter が成立。
　　(私達はこれを深刻な事態だと思う。)　　　S   V   C　　(第2文型)

(2) O(目的語) と C(補語) が意味上の主語と述語 の関係

　① 知覚動詞
　　目、耳や皮膚などの感覚器官を通じた知覚行為を表す動詞で、第5文型を作る。
　　e.g. see, watch, look at, hear, listen to, feel, smell, notice, observe

　　They heard somebody screaming last night.
　　 S   V   O   C
　　(彼らは昨夜誰かが叫ぶのを聞いた。)

　　＊somebody is(was) screaming が成立し、 目的語 somebody と 補語 screaming が
　　意味の上で 主語 と 述語 の関係である。

　② 名詞を補語にとる動詞

　　┌───┐
　　│ call (～と呼ぶ)　choose (～に選ぶ)　drive (～の状態にする)　elect (～を選ぶ) │
　　│ make (～にする)　name (～と名づける)　think (～だと思う)   │
　　└───┘

　　Her mother made her a doctor.　　　　her = a doctor
　　　S   V   O   C　　　　　　　　She is a doctor が成立する。
　　(彼女の母は彼女を医者にした。)　　　　　 S V   C　　(第2文型)

③ 形容詞を補語にとる動詞

```
find（～とわかる）   get（～にする）   make（～にする）   keep（～にしておく）
leave（～のままにしておく）   paint（～に塗る）   turn（～に変える）
```

  Her mother <u>**made**</u> her happy.　　　　　　　her ≠ happy
   S V O C　　　　　　She is happy が成立する。
 （彼女の母は彼女を幸福にした。）　　　　　　　S V C （第 2 文型）

＊同じ動詞でも意味が異なれば、文型も変わることに注意する。

  Her mother <u>**made**</u> her a skirt.　　　　　　　her ≠ a skirt
   S V O O　　　　　　She is a skirt が成立しない。
 （彼女の母は彼女にスカートを作ってあげた。）　　　S V C

 ここでは make は「～のために....を作る」という意味で使われていて、a skirt は make の直接目的語になる。She is a skirt は成立しないので、この文は第 4 文型になる。

第3章　文の種類

文は、表現内容から分類すると**平叙文・疑問文・命令文・感嘆文**の4種類に分けられ、構造上から分類すると**単文・重文・複文**の3種類に分けられる。

Ⅰ．文の表現内容

1．平叙文（Declarative Sentence）

平叙文とは事実や考えを単に述べる文で、通常「S＋V〜」の語順をとり、文尾に終止符であるピリオド（．）をつける。平叙文には**肯定文（Affirmative Sentence）**と**否定文（Negative Sentence）**がある。

(1) 肯定文

事実をありのままに述べて相手に単に情報を伝える文で、「打ち消しではない文」である。

　　He is very interested in classical music.
　　（彼はクラシック音楽にとても興味がある。）

　　I think England is such a beautiful country.
　　（私はイギリスがとても美しい国だと思う。）

(2) 否定文

否定文は、肯定文に **not** や **never** などの否定語を付け加えてつくる「打ち消しの文」である。

① be 動詞のある文　　　| be 動詞＋not |

　　He is **not**（= *isn't）interested in classical music.
　　（彼はクラシック音楽に興味がない。）

＊会話では、主語と助動詞や、助動詞と否定語などを短縮した形で表す「短縮形」がよく用いられる。

★be 動詞の短縮形
 am not ⇒ *I'm not   *他の be 動詞とは異なり、主語 I に am がつく形となる。
 is not ⇒ isn't
 are not ⇒ aren't
 was not ⇒ wasn't
 were not ⇒ weren't

② 助動詞のある文   S＋助動詞＋not＋V（原形）

 We cannot (=can't) go there on time.
 （私達は時間どおりにはそこに行けない。）

★ 助動詞の短縮形
 will not ⇒ won't
 cannot ⇒ can't
 must not ⇒ mustn't
 would not ⇒ wouldn't
 could not ⇒ couldn't
 should not ⇒ shouldn't   *shall not ⇒ shan't
 need not ⇒ needn't

③ 一般動詞のある文   do(現在) / does(３単現 S) / did(過去)＋not＋動詞の原形

 We do not (=don't) need his help.
 （私達は彼の助けを必要としない。）

 She does not (=doesn't) need his help.
 （彼女は彼の助けを必要としない。）

 She did not (=didn't) need his help.
 （彼女は彼の助けを必要としなかった。）

★ 短縮形
 do not ⇒ don't

does not ⇒ doesn't
did not ⇒ didn't

2．疑問文（Interrogative Sentence）

疑問文とはものをたずねる文で、語順は主語の前に動詞や助動詞がきて、文尾には**疑問符(?)**がくる。一般疑問文、特別疑問文、選択疑問文、付加疑問文、間接疑問文、修辞疑問文などの種類がある。

(1) 一般疑問文

一般疑問文とは、疑問詞５Ｗ１Ｈ(＝who、what、when、where、why、how)を使わない疑問文で、相手がYesかNoで答えることを求める文である。文尾を**上げ調子(Rising Intonation)**でいう。

① be 動詞または助動詞がある場合 　　be 動詞または助動詞＋Ｓ＋ ～ ？

文頭(主語の前)にbe動詞または助動詞を置く。

Are you tired?　　　　　　　　　　　Yes, I **am**. / No, I'm **not**.
（あなたは疲れていますか？）　　　　　（はい、そうです。いいえ、ちがいます。）

Can you sing that song in English?　Yes, I **can**. / No, I **can't**.
（あなたはその歌を英語で歌えますか？）（はい、できます。いいえ、できません。）

② 一般動詞の場合

文頭(主語の前)にDo、Does、Didを置いて、動詞を原形にする。

Do	(現在)	
Does	(3人称・単数・現在)	＋Ｓ＋ 動詞の原形 ～？
Did	(過去)	

You get up early every morning.　⇒　Do you get up early every morning?
（あなたは毎朝早く起きる。）　　　　　（あなたは毎朝早く起きますか？）

第 3 章　文の種類

　　　He wants to travel Europe.　　　⇒　　**Does** he want to travel Europe?
　　　（彼は欧州旅行をしたい。）　　　　　　（彼は欧州旅行をしたいのですか？）

　　　They spent this summer in Nasu.　⇒　**Did** they spend this summer in Nasu?
　　　（彼らは今年の夏は那須で過ごした。）（彼らは今年の夏は那須で過ごしましたか？）

③ 否定の疑問文

　not の短縮形を主語の前に出すか、**not** を主語の後においで作るが、一般的には **not** の短縮形のほうが使われる。答え方に注意が必要で、**Yes /No** の日本語の訳とは一致しない。否定の疑問文であっても疑問文の中の動詞に着眼して、その動作を肯定する場合には **Yes** で、否定する場合には **No** で始める。先に助動詞 **do / don't** の意味を考えてから、**Yes /No** の日本語の訳を考えると間違いを起こさないであろう。

⎧　**Don't** you like going there?
⎪　（あなたはそこに行きたくないのですか？）
⎨
⎪　Yes, I **do** (＝I <u>like</u> going there).　/　No, I **don't** (＝I <u>don't like</u> going there).
⎩　（いいえ、<u>行きたい</u>です。）　　　　　　（はい、<u>行きたくない</u>です。）

⎧　**Doesn't** he watch romantic movies?
⎪　（彼はロマンティックな映画を見ないのですか？）
⎪
⎪　Yes, he **does** (＝he <u>watches</u> romantic movies).
⎨　（いいえ、<u>見ます</u>。）
⎪
⎪　No, he **doesn't** (＝he <u>doesn't watch</u> romantic movies).
⎩　（はい、<u>見ません</u>。）

⎧　**Didn't** you go there yesterday?
⎪　（あなたは昨日そこに行かなかったのですか？）
⎨
⎪　Yes, I **did** (＝I <u>went</u> there).　/　No, I **didn't** (＝I <u>didn't go</u> there).
⎩　（いいえ、<u>行きました</u>。）　　　　　（はい、<u>行きませんでした</u>。）

第 3 章　文の種類

$\Big\{$
Aren't you tired?
（あなたは疲れていないですか？）

Yes, I **am** (tired).　　　／　No, **I'm not** (tired).
（いいえ、<u>疲れています</u>。）　（ええ、<u>疲れていません</u>。）

$\Big\{$
Can't you sing that song in English?
（あなたはその歌を英語で歌えないのですか？）

Yes, I **can** (sing that song in English). ／　No, I **can't** (sing that song in English).
（いいえ、<u>歌えます</u>。）　　　　　　　　　（はい、<u>歌えません</u>。）

(2) 特別疑問文

　疑問詞である**疑問代名詞（who、what、which）**と**疑問副詞（when、where、why、how）**を文頭において、その後は一般疑問文と同じ語順にして作る。疑問詞は文中で主語・目的語・補語・修飾語などの働きをする。一般疑問文とは異なり、文尾は**下げ調子（Falling Intonation）**でいう。

① 疑問詞が主語の場合　　　　　疑問詞＋V　〜？

<u>Who</u> came here last night?　　<u>Tom</u> did(=came here last night).
 主語　　　　　　　　　　　　　 主語
（誰が昨晩ここに来たのですか？）（トムが来ました。）

② 疑問詞が目的語の場合　　　　疑問詞＋be 動詞または助動詞＋S＋V　〜？

<u>What</u> do you want to do?　　I want <u>to play tennis</u>.
 目的語　　　　　　　　　　　　　　　　　目的語
（あなたは何をしたいですか？）　（私はテニスをしたいです。）

19

第3章　文の種類

<u>What</u> is he doing?　　　　　　He is playing <u>tennis</u>.
　目的語　　　　　　　　　　　　　　　　　目的語
（彼は何をしているのですか？）（彼はテニスをしています。）

③ 疑問詞が補語の場合

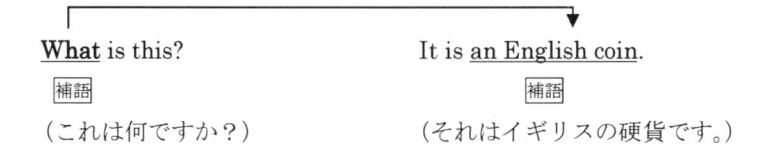

<u>What</u> is this?　　　　　　　　It is <u>an English coin</u>.
　補語　　　　　　　　　　　　　　　　　補語
（これは何ですか？）　　　　　（それはイギリスの硬貨です。）

④ 疑問詞が修飾語の場合

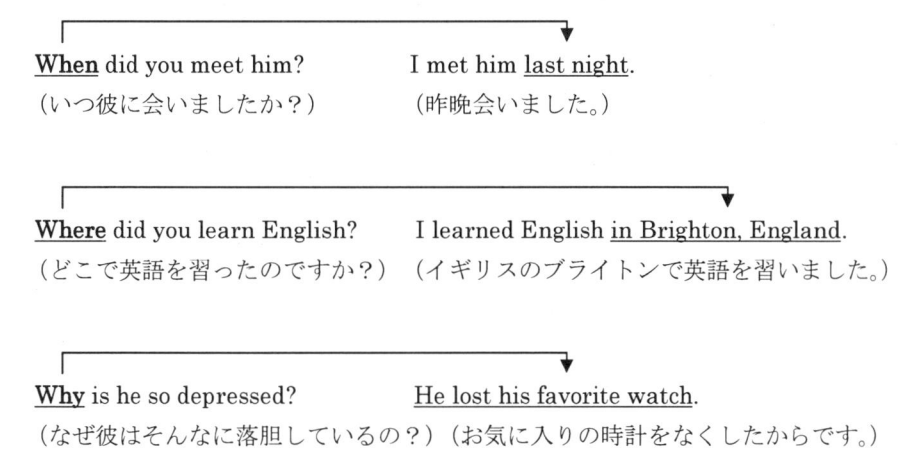

<u>When</u> did you meet him?　　　I met him <u>last night</u>.
（いつ彼に会いましたか？）　　（昨晩会いました。）

<u>Where</u> did you learn English?　I learned English <u>in Brighton, England</u>.
（どこで英語を習ったのですか？）（イギリスのブライトンで英語を習いました。）

<u>Why</u> is he so depressed?　　　<u>He lost his favorite watch</u>.
（なぜ彼はそんなに落胆しているの？）（お気に入りの時計をなくしたからです。）

(3) 選択疑問文

　2つ以上のものの中から1つを選ばせる疑問文で、YesやNoでは答えられない。orの前では上げ調子で、文尾は下げ調子でいう。

　　　　　　　　一般疑問文 ＋ A or B

　　Do you go to work <u>by train</u> or <u>by car</u>?
　　　　　　　　　　　　　　A　　　　　B
　　（仕事には電車で通っているのですか、それとも車で通っているのですか？）

I go **by car**.　　　　　　　　　　　　　（車で通っています。）
　　B

(4) 付加疑問文

平叙文の後に付加的に短縮形の疑問文をつけて、「～ですね」と相手に軽く念を押す気持ちで、あるいは Yes か No の答えを軽い気持ちで問いかける疑問文である。付加疑問文の主語は常に代名詞で、本文と付加疑問の間はコンマで区切られる。軽く念を押す場合や、同意を得たい場合には文尾を下げ調子で、軽い気持ちでの問いかけや確認の場合には文尾を上げ調子でいう。

　　　　付加疑問節　＝　| 助動詞＋代名詞形にした主語 |

　　　　　肯定の平叙文　＋　| 付加疑問節＝否定の疑問文 |
　　　　　否定の平叙文　＋　| 付加疑問節＝肯定の疑問文 |

It is very humid today, **isn't it**?　　　　　　　　（下げ調子）
　　　　肯定の平叙文　　　　付加疑問節＝否定の疑問文
（今日はとても湿気が多いですよね。）

Stella didn't go shopping yesterday, **did she**?　　　（上げ調子）
　　　　否定の平叙文　　　　　　　　付加疑問節＝肯定の疑問文
（ステラは昨日買い物にでかけなかったですか？）

You haven't finished your homework, **have you**?　　（下げ調子）
　　　　否定の平叙文　　　　　　　　付加疑問節＝肯定の疑問文
（あなたは宿題を終えていないですよね。）

There are a few nice restaurants around here, **aren't there**?
　　　　肯定の平叙文　　　　　　　　　　　　　付加疑問節＝否定の疑問文
（この辺には素敵なレストランが数軒ありますよね。）　　（下げ調子）
（この辺には素敵なレストランが数軒ありますか？）　　（上げ調子）

＊There is/are 構文の場合には、付加疑問の主語の位置に there を入れる。

第3章　文の種類

★特殊な付加疑問文
　命令文やLet's 〜の文を付加疑問文にすると、命令の調子や意味を和らげる働きをする。慣用的に使われる表現である。

> 命令文 〜 , will you / won't you ?
> Let's 〜 , shall we ?

Come here quickly, **will you**?
（こっちに早く来てね。）

Let's dance, **shall we?**　　Yes, let's. / Yes, all right.　　No, let's not.
（踊りましょうか。）　　　　（ええ、そうしましょう。）（いいえ、よしましょう。）

(5) 間接疑問文
　疑問代名詞に導かれた疑問文が、文の一部として用いられる。この場合、疑問代名詞の後の語順は平叙文と同じで（S+V〜）となる。

> 疑問詞 ＋ S ＋ V

(You) Tell me **who** he is.
　(S)　 V　O　 O
（私に彼が誰かを教えて。）

＊ "**Who** is he?" という疑問文が、主語 You が省略されている命令文の一部に組み込まれて、"Tell" の目的語になっている。疑問文を平叙文の語順に直す必要がある。

I don't know **what** happened to her.
S　 V　　　　O
（私は彼女に何が起こったかを知らない。）

＊ "**What** happened to her?" という疑問文が文の一部に組み込まれて、"I don't know" の目的語の役割を果たしている。What が疑問文の主語なので、語順はそのままである。

(6) 修辞疑問文

形式は疑問文であるが、内容は日本語の反語に相当するもので、相手に言いたい事や自分の感情を伝える表現である。一般に修辞疑問文は平叙文に書きかえることができ、**肯定の修辞疑問文は否定の平叙文に、否定の修辞疑問文は肯定の平叙文に相当する。**

    Who wants to fail in the exam?
    （誰が試験に落ちたいと思うだろうか？）

= **Nobody** wants to fail in the exam.
    （誰も試験に落ちたいとは思わない。）

    Isn't English important for intercultural communication?
    （英語は異文化コミュニケーションに重要じゃないのか？）

= English **is** important for intercultural communication.
    （英語は異文化コミュニケーションに重要である。）

3．命令文（Imperative Sentence）

命令文とは、話し相手（you）に対して直接「命令・依頼・禁止」などを表す文で、通常主語 You を省略して動詞の原形で文を始める。文尾には終止符（.）をつけるが、感情を込めた命令文の場合には感嘆符（！）をつけることもある。

(1) 肯定の命令文

    Watch your step.　　　　　（足もとに気をつけて。）

    You watch your step.　　　　（君、足もとに気をつけなさい。）
    ＊You を省略しない場合には、You は強く発音されて、特に命令する相手を強調する「強意」になる。相手の注意をひくために使われる。

    Be quiet.　　　　　　　　（静かにして。）

第 3 章　文の種類

> **please や付加疑問の "... , will you/won't you?" などを添えると命令文の意味が和らぐ**

　　　Please watch your step!　　＝　　**Watch** your step, **please**!
　（足もとに気をつけて下さい。）
　　　　　　　　　　＊please を文尾につける時にはコンマ(,)を前に入れる。

　　　Be quiet, **will you?**　　＝　　**Be** quiet, **won't you?**
　（静かにしてくれませんか。）
　　　　　　　　　　＊will の代わりに won't を使うと依頼の気持ちがより強く相手に伝わる。

(2) 否定の命令文

> **Don't または Never ＋命令文（be 動詞/動詞の原形～）**

Don't be noisy.
（騒ぐな。）

Don't worry so much.
（そんなに心配しないで。）

Never tell a lie.
（決して嘘をつくな。）

(3) Let を使う間接的な命令文

> **Let＋名詞または代名詞の目的格＋命令文（動詞の原形～）**

Let me do it.　　　　　　　（それを私にやらせて。）

Let us do it.　　　　　　　（それを私達にやらせて。）

Let Tom do it.　　　　　　（それをトムにやらせて。）

Don't let him do it.　　　　　　　（それを彼にやらせるな。）

＊ここから生まれた"Let me see."は「ええと」の意味で、とっさに言葉が出ない場合などに使われる表現である。

(4) Let's ＋ 命令文

　　Let's は、形は Let us の短縮形ではあるが、「～しましょう」の意味で**提案**や**勧誘**を表す命令文である。「～させてくれ」の意味の Let us とは異なる。否定形は Let's の後に not をつけて作る。

　　　Let's do it together.　　　　（それを一緒にやりましょう。）

　　　Let's sing together.　　　　（一緒に歌いましょう。）

　　| 付加疑問の " ～ , shall we? " を添えると丁寧な表現になる！ |

　　Let's do it together, shall we?　Yes, let's. / No, let's not.
　　（それを一緒にやりましょう。）（ええ、そうしましょう。いいえ、やめましょう。）

(5) Let's ＋ 命令文 の否定形　　　| Let's＋not＋命令文(動詞の原形～) |

　　　Let's not do it together.　　　（それを一緒にやるのは止めましょう。）

4．感嘆文（Exclamatory Sentence）

　「なんて～なのでしょう」という驚きや喜びの気持ちを表す文で、**how** または **what** を用いて、文尾には**感嘆符！**（Exclamation Mark）をつける。文の性質上、否定文を作らない。

(1) 感嘆詞 How を使った感嘆文

　　形容詞や副詞の意味を強める働きをする。

　　| How ＋ （形容詞または副詞） ＋ S ＋ V ～ ！ |

第 3 章　文の種類

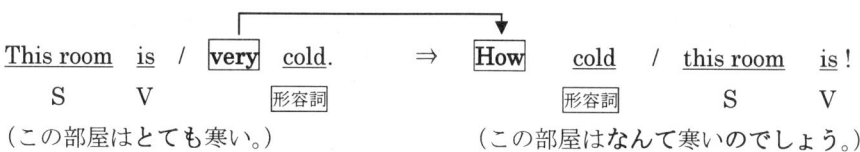

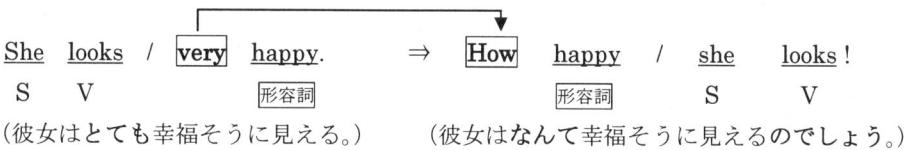

He came / very quickly.　⇒　How quickly / he came !
S　V　　　副詞　　　　　　　副詞　　　　S　V
（彼はとても早く来た。）　　　　（彼はなんて早く来たのでしょう。）

　感嘆文を作る際には、**very** と **How** は後に続く形容詞や副詞の意味を強めるという同じ役割をするので、**very** の前で区切って、前半と後半を入れ替えて **very** を How に変えると考えればよい。

(2) 感嘆詞 What を使った感嘆文

　形容詞を伴った名詞句の意味を強める働きをする。

| What ＋ (a または an) ＋ 形容詞 ＋ 名詞 ＋ S ＋ V ～ ! |

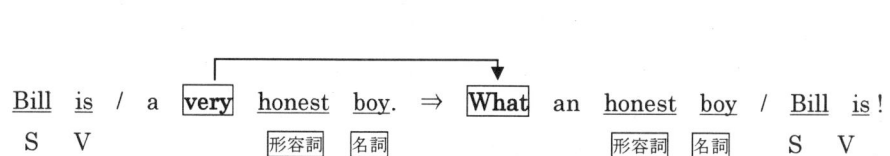

＊平叙文では冠詞の後が very なので a でよいが、感嘆文では母音で始まる honest が直後に続くので 冠詞は an に直さなければならない。

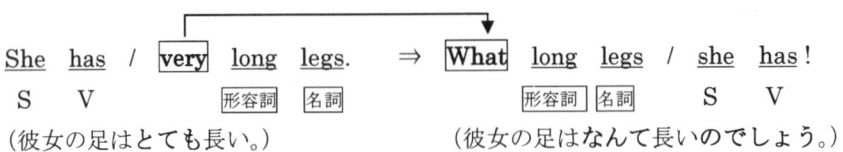

(彼女の足はとても長い。)　　　　　　　(彼女の足はなんて長いのでしょう。)

＊感嘆詞 How を使った感嘆文と要領は同じである。very のある名詞句の前で区切って、前半と後半を入れ替えて very が What に変わると考える。強調される名詞が数えられる名詞で単数の場合にのみ、不定冠詞 a(n) がつく。How と What のどちらを使うのかは／で分けた very の後の語(群)に着眼して、名詞があれば What を、名詞がなければ How を使うと判断すると良い。

(3) 特殊な感嘆文

① How や What といった感嘆詞を使わずに感嘆の意味を表す感嘆文

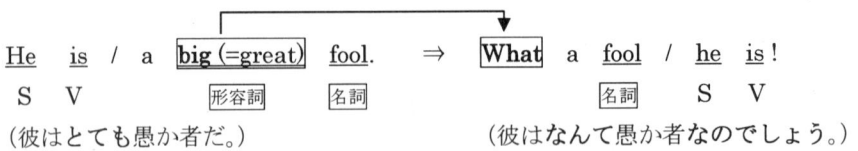

(彼はとても愚か者だ。)　　　　　　　(彼はなんて愚か者なのでしょう。)

＊big は great の意味で使われて、名詞 fool を強調している。つまり very と同じ役割をし、後に名詞 fool が続くので、What を使った感嘆文に書き換えることができる。

② 文としての形をとらない感嘆文

How nice to see you!
(あなたにお会いできてなんて嬉しいのでしょう。)

What a pity she can't come to the party tonight!
(今晩彼女がパーティに来られないなんて、なんと残念でしょう。)

第 3 章　文の種類

Ⅱ．文の構造

　単文(Simple Sentence)とは、「S+V」の組み合わせが 1 つしかない文である。重文(Compound Sentence) は「S+V」の組み合わせが 2 つ以上あり、それらが等位接続詞で結ばれている文である。複文(Complex Sentence)は「S+V」の組み合わせが 2 つ以上あり、それらが従属接続詞、疑問詞、関係詞などで結ばれている文である。

1．単文（Simple Sentence）

$$\boxed{S + V}$$

ただ 1 組の「S+V」から成り立つ文で、等位節や従属節を含まない文を単文という。

　I　haven't seen　you　for ages.
　S　　V　　　　 O
（私は長い間あなたに会っていなかった。）

　It　was　easy　for me　to complete that task.
　S　 V　　C
（私にとってその仕事を完成するのは易しかった。）

　Skating　is　my favorite sport.
　　S　　　V　　　C
（スケートは私のお気に入りのスポーツだ。）

2．重文（Compound Sentence）

$$\boxed{S+V} + \boxed{等位接続詞} + \boxed{S+V}$$

　重文とは、2 組以上の「S+V」が対等な関係で等位接続詞によって結ばれている文である。対等な関係で結ばれている「S+V」を**等位節**という。等位接続詞は 1 語のものでは、**and, but, for, or(nor), so, yet** だけである。

第3章　文の種類

　　　I　haven't seen　you　for ages,　**but**　　you　haven't changed　at all.
　　　S　　V　　　　 O　　　　　　　 等位接続詞　S　　　V
　　（私は長い間あなたに会っていなかった。しかし、あなたは全然変わってない。）

3．複文（Complex Sentence）

$$\boxed{S+V} + \boxed{従属接続詞} + \boxed{S+V'}$$

　複文とは、1つの主節と従属接続詞で結ばれた1つ以上の「S+V」、つまり従属節から成立する文である。従属節には名詞節・形容詞節・副詞節があり、従属接続詞を始めとして、関係詞や疑問詞などが2組以上の「S+V」を結ぶ働きをする。

　　　Although　I　haven't seen　you　for ages,　you　haven't changed　at all.
　　　従属接続詞　S　　V　　　　O　　　　　　 S'　　V'
　　（私は長いことあなたに会っていなかったけれども、あなたは全然変わってない。）

(1) 従属節 S'+V' が名詞節の文

　　　　　　　　　　　　　　　　┌──名詞節──┐
　　　It　is　important　that　you　should do　your best.
　　　S　V　　C　　　　 S'　　　V'　　　　　O'
　　（あなたが最善を尽くすことは大切だ。）

　　＊主語が長いために、形式的な主語である**仮主語 It**を文頭に置いて**真主語**を後にまわす構文である。It が指す that 以下が**真主語**で、名詞の役割をしている。

(2) 従属節 S'+V' が形容詞節の文

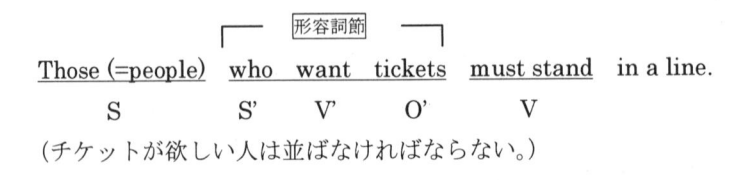

　　　　　　　　　　　┌─形容詞節─┐
　　　Those (=people)　who　want　tickets　must stand　in a line.
　　　　　S　　　　　　S'　　V'　　　O'　　　　V
　　（チケットが欲しい人は並ばなければならない。）

　　　　　　　　　　第3章　文の種類

　　＊従属節である who want tickets は関係代名詞節で、主語 Those を修飾する形容
　　　詞の役割をしている。　　　　　　　　　　　　　　　　（「関係詞」P.192 参照）

(3) 従属節 S'+V' が副詞節の文

　　　　　┌──── 副詞節 ────┐
　　　　　When she visited him,　he was watching DVD in the living room.
　　　　　　　 S'　 V'　　O'　　 S　　 V　　　　O
　　　　（彼女が彼を訪ねた時、彼は居間で DVD を見ていた。）

　　＊従属節である When she visited him は、he 以下の主節全体を修飾する副詞の役
　　　割をしている。

第 4 章　名詞（Noun）

　名詞は、人や事物の名前を表す語で、**数えられる名詞**(= Countable Noun)と数えられない名詞(= Uncountable Noun)に分けられる。また、その表す意味によって、「**普通名詞**」・「**集合名詞**」・「**物質名詞**」・「**抽象名詞**」・「**固有名詞**」に分類される。
　「数える」は英語で count であり、「〜できる」の意味を表す接尾辞 able をつけると 「数えられる」という意味の形容詞 countable ができる。また、否定 not の意味を表す接頭辞 un を countable につければ uncountable「数えられない」という意味の形容詞ができる。
　英語辞書には定義の前に Countable の頭文字 C と Uncountable の頭文字 U が表記されていて、同じ単語でも意味が変わることによって「数えられる名詞」や「数えられない名詞」に分類されるものもあることが示されている。「数えられない名詞」は例外的な要素があるので、特に注意を払う必要がある。

Ⅰ．数えられない名詞（Uncountable Noun）

　数えられない名詞は原則単数形で表す。物質名詞に関しては、物質名詞そのものが数えられないので、一定の量を表す表現の中の数えられる名詞を複数形にして、複数の意味を表す。

1．物質名詞（Material Noun）

物質名詞とは、一定の形を持たない物質の名前を表す名詞のことである。

| air　beef　bread　butter　cheese　coffee　glass(ガラス)　gold　meat　milk |
| money　paper　pepper　rain　silver　snow　sugar　tea　water など |

(1) 不定の量の表現
　　　　　any　little　much　some　などと一緒に使われる。

　　He has a lot of <u>work</u> to do today.
　　（彼は今日たくさんの<u>仕事</u>を抱えている。）

第4章　名詞

注意！　　　His <u>works</u> are wonderful.　　　　（彼の<u>作品</u>はすばらしい。）
➡　（Countable Noun）

(2) 一定の量の表現
　　① 容器で表す場合
　　　　a bottle of　　　(beer, wine, whiskey)　　e.g. <u>two</u> bottle<u>s</u> of beer
　　　　a cup of　　　　(coffee, milk, tea)
　　　　a glass of　　　(milk, juice, water, wine)
　　　　a spoonful of　　(sugar)

　　② 形状を表す語を用いる場合
　　　　a cake of　　　(soap)
　　　　a lump of　　　(sugar)
　　　　a piece of　　　(chalk)
　　　　a sheet of　　　(paper)
　　　　a slice of　　　(bread)

　　③ 単位で表す場合
　　　　a gram of　　　(butter)
　　　　a pound of　　(meat)
　　　　a ton of　　　(iron)

2．抽象名詞（Abstract Noun）

抽象名詞とは、具体的な形を持たない、性質・状態・観念などの名前を表す名詞のことである。

| advice　beauty　birth　danger　death　experience　friendship　hope |
| happiness　homework　honesty　kindness　love　peace　successなど |

　　Thank you for your <u>kindness</u>.
　　（ご<u>親切</u>にありがとう。）

第4章　名詞

We all hope for world <u>peace</u>.
（我々は皆世界<u>平和</u>を望んでいる。）

His business <u>success</u> brought <u>happiness</u> to him and his family.
（彼の仕事上の<u>成功</u>が彼と彼の家族に<u>幸福</u>をもたらした。）

3．固有名詞（Proper Noun）

　固有名詞とは、特定の人や事物だけが持つ名前や地名・国名などを表す名詞のことで、原則大文字で始まり、冠詞が付けずに複数形にもならない。しかし、以下のように慣用上例外的に **the** や **s** を付けるものがあるので注意が必要である。

　　　e.g.　There are two **Tom<u>s</u>** in the class.　（そのクラスにはトムが二人いる。）

　　　　　★例外的に the や s をつける固有名詞

河川・海・運河・砂漠

　　　　　the Thames　　the North Sea　　the Suez Canal　　the Pacific　　the Sahara
　　　　　（テムズ川）　　（北海）　　　　（スエズ運河）　　（太平洋）　　（サハラ砂漠）

交通機関

　　　　　the Piccadilly Line　　the Queen Elizabeth　　the Super-express Hikari
　　　　　（ピカデリーライン）　（クイーンエリザベス号）（新幹線ひかり号）

出版物

　　　　　the New York Times　　　the Bible　　　the Chicago Tribune
　　　　　（ニューヨークタイムズ紙）（聖書）　　　（シカゴトリビューン紙）

公共物

　　　　　the White House　　the Tokyo Tower　　the British Museum
　　　　　（ホワイトハウス）　（東京タワー）　　（大英博物館）

山脈・群島

　　　　　the Alps　　　　the Rocky Mountains　　the Philippines
　　　　　（アルプス山脈）（ロッキー山脈）　　　（フィリピン諸島）

家族

　　　　　the Simpson<u>s</u>　　the Tanaka<u>s</u>
　　　　　（シンプソン家の人々）（田中家の人々）

第4章　名詞

Ⅱ．数えられる名詞（Countable Noun）

1．普通名詞（Common Noun）

同じ種類の人・事物に共通な名前を表す名詞で、**単数形**と**複数形**がある。単数形には **a/an** をつける。複数形は通常、普通名詞の語尾に s をつけて作るが、語形が**規則変化**するものと**不規則変化**するものがある。

★複数形の作り方

(1) 規則変化

① 語尾が ch, s, sh, x　⇒　es を付ける　　　＊発音は[iz]

benches　churches　peaches　watches　witches　buses
lenses　classes　glasses　kisses　brushes　bushes
dishes　radishes　boxes　foxes　＊例外　stomachs

② 語尾が 子音＋o　⇒　es を付ける

echoes　heroes　potatoes　tomatoes

＊例外　bamboos　pianos　photos　radios

③ y の前が子音の場合　⇒　y を i に変えて、es を付ける

baby ⇒ babies　　　city ⇒ cities　　　country ⇒ countries
dictionary ⇒ dictionaries　　enemy ⇒ enemies　　fly ⇒ flies
lady ⇒ ladies　　　lorry ⇒ lorries　　spy ⇒ spies

注意！　y の前が母音の場合にはそのまま s を付ける。
boys　days　monkeys　toys

④ 語尾が f, fe　⇒　f, fe を ves に変える

half ⇒ halves　leaf ⇒ leaves　scarf ⇒ scarves　thief ⇒ thieves
wolf ⇒ wolves　knife ⇒ knives　life ⇒ lives　wife ⇒ wives
＊例外　beliefs　chiefs　cliffs　roofs　safes

第4章　名詞

⑤上記以外は普通に語尾に s をつける

  album<u>s</u> belt<u>s</u> chair<u>s</u> doll<u>s</u> pancake<u>s</u> park<u>s</u> waffle<u>s</u>

(2) 不規則変化

① 不規則的な複数形 ─ 母音変化によるもの

  f<u>oo</u>t ⇒ f<u>ee</u>t t<u>oo</u>th ⇒ t<u>ee</u>th g<u>oo</u>se ⇒ g<u>ee</u>se
  m<u>a</u>n ⇒ m<u>e</u>n wom<u>a</u>n ⇒ wom<u>e</u>n m<u>ou</u>se ⇒ m<u>i</u>ce

② 不規則的な複数形 ─ 語尾変化によるもの

  child ⇒ child<u>ren</u> ox ⇒ ox<u>en</u>

③ 不規則的な複数形 ─ 単複同型

  carp deer means salmon sheep trout yen
  Chinese Danish English French Japanese Swiss

④ 不規則的な複数形 ─ 合成語　　　＊名詞的要素が強い方が複数形になる

  mother-in-law ⇒ mother<u>s</u>-in-law
  looker-on ⇒ looker<u>s</u>-on
  passer-by ⇒ passer<u>s</u>-by

⑤ 不規則的な複数形 ─ 意味によって複数形が異なる名詞

  cloth (布) ⇒ cloth<u>s</u> (布)
       ⇒ cloth<u>es</u> (服)

⑥ 常に複数形で用いられる名詞 ─ 2つの部分からなる1つの製品

  glasses（めがね） contact lenses（コンタクトレンズ） gloves（手袋）
  pajamas（パジャマ）＊米語 pyjamas（パジャマ）＊英語
  scissors（はさみ） shoes（靴） slacks（スラックス） socks（ソックス）
  pants（ズボン）＊米語 trousers（ズボン）＊英語

第4章　名詞

2．集合名詞（Collective Noun）

集合名詞とは、一つの集合体を表す名詞である。

| audience　class　committee　crew　crowd　family　police　staff　team |

(1) 集合体全体を1つのものと考える場合

There was a large **audience** in the hall last night.
（昨夜そのホールには大勢の観客がいた。）

Her **family** is a big one.
She has a large **family**.　　（彼女の家族は大家族だ。）

Twelve *__families__ live in this apartment house.
（このアパートには12家族が住んでいる。）

＊集合体全体を1つのものと考える場合だが、その集合体 family が12個あるという複数の意味を持つために、family が複数形になっている。

(2) 集合体の構成員の一つ一つを考える場合
＊動詞や代名詞などに注意する。

Her **family** (= family members) **are** all cheerful.
（彼女の家族は皆陽気だ。）

The **audience** clapped **their** hand**s**.
（聴衆は拍手した。）

They say that **English are** well behaved.
（英国人はマナーが良いと言われている。）

(3) 常に複数扱いの集合名詞

The **police** <u>are</u> examining the cause of the accident.
（警察がその事故の原因を調べている。）

The **cattle** <u>are</u> eating grass.
（牛の群れが草を食べている。）

(4) 注意すべき集合名詞

people は「人々」という意味の場合には、形は単数形で複数扱いだが、「国民・民族」という意味の場合には普通名詞と同じように扱い、単数・複数形がある。

Many **people** enjoyed the party yesterday.
（昨日多くの人々がそのパーティを楽しんだ。）

There are several Spanish speaking **peoples** in South America.
（南米にはスペイン語を話す諸国民がいる。）

第5章　冠詞（Article）

冠詞は形容詞の一種とも言えるが、必ず名詞句の先頭につく。冠詞には不特定のものを表す**不定冠詞**（Indefinite Article）**a**, **an** と特定のものを表す**定冠詞**（Definite Article）**the** の2種類がある。

1．不定冠詞（Indefinite Article）

子音の前では[ə]と発音し、母音の前では[ən]と発音する。強調する場合などは強形をとり、それぞれ[ei]、[æn]と発音する。

a ... 子音で始まる数えられる単数名詞の前につく

　　<u>a</u> uniform,　<u>a</u> letter,　<u>a</u> window,　<u>a</u> boat

an ... 母音で始まる数えられる単数名詞の前につく

　　<u>an</u> apple,　<u>an</u> umbrella,　<u>an</u> ax,　<u>an</u> hour*

＊頭語のhが発音されない場合もanである。

(1)「一つの」

　She bought <u>a</u> pear and <u>an</u> orange.
　（彼女は梨を一つとオレンジを一つ買った。）

(2) 種類全体「〜というもの」（＝any）

　<u>A</u> horse is a beautiful animal.
　（馬というものは美しい動物だ。）

(3)「〜につき」（＝per）

　The speed limit in this area is 30 miles <u>an</u> hour.
　（この地域のスピード制限は時速30マイルだ。）

(4)「~のような人、~という人、~家の人」

> He wants to be <u>a</u> David Beckham.
> (彼はデイビッド・ベッカムのような人になりたい。)

> <u>A</u> Mr. Brown has come to see you.
> (ブラウンさんという方がお見えになっています。)

> She is <u>a</u> Blair.
> (彼女はブレア家の人だ。)

(5) 人の外見や特徴

> She is <u>an</u> attractive lady.
> (彼女は魅力的な女性である。)

> He is <u>a</u> tall guy.
> (彼は背の高い男だ。)

(6) 人の職業

> She is <u>a</u> flight attendant and her husband is <u>a</u> salesperson.
> (彼女はスチュワーデスで、彼女の夫は営業マンである。)

2．定冠詞（Definite Article）

the... 　特定の名詞を表す場合に用いられる冠詞で、単数にも複数にも使う。子音の前では[ðə]と発音し、母音の前では[ði]と発音する。

(1) ただ1つしか存在しない名詞

   e.g.　<u>the</u> earth,　<u>the</u> moon,　<u>the</u> sun,　<u>the</u> world

　　　　The moon goes round the earth.
　　　　（月は地球の周りをまわる。）

　　　　The earth goes round the sun.
　　　　（地球は太陽の周りをまわる。）

(2) 前に1度出てきた名詞

　　　　A beautiful picture is in her room.　The picture was painted by her.
　　　　（一枚の美しい絵が彼女の部屋にある。その絵は彼女によってかかれた。）

(3) その場の状況で何を指すかわかっている名詞

　　　　Could you please close the door?
　　　　（ドアを閉めていただけますか？）

＊話し手と聞き手の間に共通理解があり、どのドアを指すか分かっている状況である。

　　　　cf.　Could you please open a window?
　　　　　　（窓を開けていただけますか？）

＊不定冠詞 a があるので、2つ以上ある窓のどの窓でも良いことを意味している。

(4) 最上級の形容詞や序数などがついた名詞

　　　　Tom is the tallest boy in his class.
　　　　（トムはクラスで一番背が高い少年だ。）

　　　　February is the second month of the year.
　　　　（2月は1年で2番目の月である。）

第5章　冠詞

(5) 形容詞句・形容詞節で限定された名詞

The courtyard of that museum was beautiful.
　　　　　　　　形容詞句
（あの美術館の中庭は美しかった。）

This is the hall where they gave a charity concert.
　　　　　　　　　　形容詞節
（ここは彼等がチャリティ・コンサートを行ったホールです。）

(6) 単数普通名詞と一緒になって種類全体を表し、「～というもの」という意味になる。

The lion is a fierce animal.
（ライオンは猛獣である。）

＊文語的で科学記事や論文などにみられる表現である。不定冠詞 a/an や複数形を用いて同じ意味を表すこともできる。複数形を用いたものが口語的で、最も一般的である。

cf. { A lion is a fierce animal.
　　　Lions are fierce animals.

(7) 形容詞と一緒になって「人を表わす複数名詞」の意味になる。

the rich = rich people　　　　（富める者たち）

the poor = poor people　　　　（貧しい者たち）

the young = young people　　　（若者）

the old = old people　　　　　（老人）

the wounded = wounded people　（負傷者たち）

(8) 形容詞と一緒になって「抽象名詞」の意味になる。

   the known （既知のこと）
   the unknown （未知のこと）
   the true   （真）

(9) 身体の一部をさすための用法
 英語独特の慣用表現である。誰の体の一部なのかが明白な場合には代名詞の所有格を使わずに定冠詞 the を用いる。 e.g. **the** cheek、**the** nose、**the** face

  She caught me by the hand.
  （彼女は私の手をつかまえた。）

  He took me by the arm.
  （彼は私の腕をとった。）

  I have pains in the back.
  （私は背中に痛みがある。）

第6章　代名詞（Pronoun）

　代名詞は、文字通り「名詞の代わりをする詞」で、主に同じ名詞を繰り返し使うことを避ける働きをするが、その他に形式主語や名詞の代理などの様々な働きをする。代名詞には、「人称代名詞」・「指示代名詞」・「不定代名詞」・「疑問代名詞」・「関係代名詞」の5種類がある。

1．人称代名詞（Personal Pronoun）

　人称代名詞とは、1人称(＝話し手)・2人称(＝聞き手)・3人称(＝話題に上る人や事物のことで、名詞全て)の区別を表し、人称・数・格・性によって変化する。所有代名詞や再帰代名詞も含まれる。

(1) 人称代名詞の格
　① 主格
　　　文の主語・主格補語や、その同格に用いられる。

　　　Yesterday I met Mr. Brown at the party.　He was so friendly.
　　　(昨日私はパーティでブラウン氏に会った。　彼はとても親しみやすかった。)

　　　Who has broken the window?　That's he.
　　　(その窓を壊したのは誰だ。　それは彼だ。)

　② 所有格
　　　後ろに必ず名詞を伴って、所有・主格関係・目的格関係などを表す。

　　　My sister lost her favorite necklace.
　　　(私の姉は彼女のお気に入りのネックレスをなくした。)

　③ 目的格
　　　動詞及び前置詞の目的語になる。

We respect <u>him</u> because he is a hard worker.
(私達は彼が勤勉家なので<u>彼を</u>尊敬している。)

Jim and Kathy were free and I went to the cinema with <u>them</u> yesterday.
(昨日ジムとキャシーは暇だったので、私は<u>彼ら</u>と映画に行った。)

(2) 所有代名詞

「〜のもの」という所有の意味を表す代名詞で、所有格と名詞の繰り返しを避ける場合に用いられる。

> 所有代名詞＝所有格＋名詞

This jacket is <u>mine</u> (= <u>my</u> jacket).
(このジャケットは<u>私のもの</u>です。)

Those big shoes are <u>his</u> (= <u>his</u> shoes).
(その大きな靴は<u>彼のもの</u>です。)

(3) 人称代名詞の格変化

文の中での働きに応じて、代名詞そのものの形が変化することを「格変化」という。

> 人称代名詞語形変化

	主格(〜は,が)	所有格(〜の)	目的格(〜を, に)	所有代名詞(〜のもの)
1人称単数	I	my	me	mine
1人称複数	we	our	us	ours
2人称単/複数	you	your	you	yours
3人称単数	he	his	him	his
	she	her	her	hers
	it	its	it	／
3人称複数	they	their	them	theirs

itに対する所有代名詞は存在しないことに注意！

(4) 再帰代名詞

「〜自身」という意味をもち、人称代名詞の所有格か目的格に-self(単数形)、または-selves(複数形)をつけたもので、一般形は oneself で表す。動詞の主語と目的語が同じ人や物を指す場合に目的語に用いる「再帰用法」と、主語・目的語・補語と同格に用いてその語を強める「強意用法」がある。

人称	単数	複数
1人称	myself	ourselves
2人称	yourself	yourselves
3人称	himself herself itself	themselves

① 再帰用法

Susie killed **herself**.　　　　　　　　　　　(Susie = herself)
(スージーが自殺した。)

They enjoyed **themselves** very much in the party.　(They = themselves)
(彼らはパーティでとても楽しんだ。)

Take care of **yourself**.　　　　　　　　　　(You = yourself)
(お体に気をつけて。)　　　　　　　　　主語 You が省略されている命令文

② 強意用法

I can complete it **myself**.
(私はそれを自分で完成できる。)

I spoke to the president **himself**, not his staff.
(私は社員ではなくて、社長本人と話をした。)

③ 慣用句

She visited Europe **by herself**.　　　　＊ by oneself　ひとりで
(彼女は一人でヨーロッパを訪れた。)

You must do it **for yourself**.　　　　　　　　＊for oneself　独力で
(あなたはそれを独力でしなければならない。)

Suddenly the door opened **of itself**.　　　　＊of itself　ひとりでに
(突然ドアがひとりでに開いた。)

＊「ひとりでに」の意味では、通常「物」について用いられるので、単数形の of itself または複数形の of themselves のどちらかである。

2．指示代名詞（Demonstrative Pronoun）

　指示代名詞とは、人や物をはっきりと指し示す代名詞で、this、these、that、those、same、such などがある。this、these、that、those、same、such は形容詞として用いられることもある。

(1) this、these、that、those

　① 場所・時間　　　this と these (this の複数形) は近いものを指す
　　　　　　　　　　that と those (that の複数形) は遠いものを指す

　　This is my notebook and **that** is yours.
　　(これが私のノートで、あれがあなたのものです。)

　　These textbooks are mine and **those** are yours.
　　(これらの教科書は私のもので、あれらがあなたのものです。)

　　That afternoon was so cold but **this** afternoon is quite warm.
　　(あの日の午後はとても寒かったが、今日の午後はかなり暖かい。)

　　These days young people are not so interested in cars.
　　(最近若者は車にあまり興味が無い。)

　　In **those** days young people were so interested in cars.
　　(当時若者は車にとても興味があった。)

② 前述の内容を指す this、that

先に述べられた文、節や句の代わりに用いられる。

She wants to be a lawyer. **That** is why she is a hard worker.
(彼女は法律家になりたい。そういうわけで勤勉家である。)

I tried to memorize all the idioms in the book, but **this** was difficult.
(その本の中のすべてのイディオムを暗記しようと思ったが、これは難しかった。)

③ 後述の内容を指す this

これから述べようとする文を指す。

I'm going to tell you **this** － I'll never help you if you don't change your attitude.
(これだけは言っておくが、態度を改めなければ決してあなたを助けないよ。)

④ 前者と後者を意味する this、that

this と that が前に出てきた2つの語(句)の代わりに用いられる。この場合、this は近いものを指すので「後者」の意味になり、that は遠いものを指すので「前者」の意味になる。

She bought a yellow T-shirt and a blue one; **this** (=a blue one) was the right size, but **that** (=a yellow T-shirt) was not her size.

(彼女は黄色のTシャツとブルーのTシャツを買った。後者(=ブルーのTシャツ)はサイズが合ったが、前者(=黄色のTシャツ)はサイズが合わなかった。)

⑤ 「the または代名詞の所有格＋名詞」の代わりに用いられる that、those

The climate of Brighton is warmer than **that**(=the climate) of London.
(ブライトンの気候はロンドンの気候よりも暖かい。)

Our customs are different from **those** (=the customs) of America.
(私たちの習慣はアメリカの習慣とは異なる。)

第6章　代名詞

⑥ 「〜する人々」の意味を表す those

those は people の代わりに用いられて、those who 〜 の形で使われることが多い。

Heaven helps <u>those</u> (=people) who help themselves.　　格言
（天は自ら助くる者を助く。）

(2) same、such

① 「同じこと(もの)」の意味を表す same

Ben bought a bottle of wine.　I did (=bought) <u>the same</u>.
（ベンはワインを一本買った。私も同じものを買った。）

② 「そのような事、物、人」の意味を表す such

She is a warm-hearted person.　You can't often meet <u>such</u>.
（彼女は心の温かい人だ。そのような人にはめったに出会えない。）

3．不定代名詞（Indefinite Pronoun）

　不定代名詞とは、不特定な人やものを指し示す代名詞である。大部分は名詞を修飾する形容詞としての用法を持ち、名詞の前につけることができる。

(1) one

① 「数えられる名詞」の代わり

前に出てきた**不特定**で単数形の「数えられる名詞」の反復を避けるために用いられる。

$$\boxed{\text{one} \leftarrow \text{a(n)}＋単数普通名詞}$$

Do you have <u>an umbrella</u> with you?　Yes, I have <u>one</u> (=an umbrella).
（傘を持っていますか？）　　　　　　　（はい、持っています。）

第6章　代名詞

*one は普通名詞と同じように扱われて、修飾語がつく場合には冠詞がつき、複数形 **ones** にもなる。

　　I want to buy a <u>T-shirt</u>, but I don't like a yellow <u>one</u>(=T-shirt).
　　（Tシャツを買いたいが、黄色のTシャツは嫌だ。）

　　These <u>photos</u> are more interesting than the <u>ones</u>(=photos) I saw yesterday.
　　（これらの写真は昨日見た写真よりも面白い。）

*前に出てきた**特定**の単数形の「数えられる名詞」の反復を避けるために用いられる **it** との違いに注意する。it は修飾語も含めた名詞句の代替えとなる。

　　Do you need <u>this big umbrella</u>?　　Yes, I need <u>it</u> (=this big umbrella).
　　（この大きな傘が必要ですか？）　　　（はい、それが必要です。）

② 「一般の人」を漠然と指す
　　文語的表現の中では、one が「一般の人」の意味で用いられる。口語的表現では通常、we、you、they などを用いる。

　　<u>One</u> should never give up <u>one's</u> dreams.
　　（人は夢を決してあきらめるべきではない。）

(2) other, another　　　　　形容詞的にも使われる。

① other　　　「もう一方の人や物」という意味になる。

　　Stella is interested in two languages.　<u>One (language)</u> is Japanese and <u>the other (language)</u> is French.
　　（ステラは2つの言語に興味がある。1つは日本語で、もう1つはフランス語だ。）

　　Some (people) say "Yes" and <u>others</u> (=<u>other</u> people) say "No."
　　（「はい」と言う人もいれば、「いいえ」と言う人もいる。）

② another　　　（不定冠詞 "an" と "other" が結び付いた形である。⇒ an + other ）
「もう一つの物・人、別の物・人」という意味になる。

　　I don't like this sweater.　Could you show me **another** (sweater)?
　　（このセーターは好みじゃありません。別のものを見せていただけませんか？）

　　They all knew ***one another** before the party.
　　（彼らはそのパーティ以前に皆お互いに知り合いだった。）

(3) each, every　　　　常に単数扱いであることに注意する。

① each　　　　「めいめい、それぞれ」という意味である。

　　Each student (=all the students) enjoyed his lecture.
　　（どの学生も彼の講義を楽しんだ。）

　　Tom and Bill knew ***each other** before the party.
　　（トムとビルはそのパーティ以前にお互いに知り合いだった。）

*「お互いに」の意味を表す際には、通常2人の場合には **each other** を、3人以上の場合には **one another** を用いる。

② every　　　　「どれも」という意味である。

　　Every student (=all the students) enjoyed his lecture.
　　（どの学生も彼の講義を楽しんだ。）

*each of the ～はあるが、every は形容詞用法しかないので every of the ～とはならない。

(4) either, neither　　　単数扱いで、単数名詞と共に用いられる。
① either　　　　「どちらかが ... である」

　　Either of you can join us.　　　　　　　　（あなた方のどちらかが参加できる。）

第 6 章　代名詞

② neither 「どちらも... でない」

Neither of you can join us. 　　　（あなた方のどちらも参加できない。）

"Which racket can I use, this or that?"
(「これとあれのどちらのラケットを使ってよいのですか?」)

"Either racket is OK." 　　　　　　"Neither racket is OK."
(「どちらのラケットでもよいですよ。」)　(「どちらのラケットもだめです。」)

(5) 複合不定代名詞　　every-, some-, any-, no- ＋ -one, -body, -thing

　この組み合わせでできた不定代名詞はすべて単数扱いである。人を表す-one と-body では-body の方が口語的で、some- と any-が付く代名詞は some と any の用法と同じ扱いである。形容詞や不定詞（形容詞的用法）などの修飾語句は後に続く。

人	everyone everybody	someone somebody	anyone anybody	*no one Nobody
物	everything	something	anything	Nothing

　＊「誰も〜でない」という意味の "no one" は 2 語であることに注意する。

I want to buy **something** nice for her.
　　　　　　　　　　　　[形容詞]
（私は彼女のために何か素敵なものを買いたい。）

He found **nobody** interesting in that gathering.
　　　　　　　　　[形容詞]
（彼はその集まりで面白い人に出会わなかった。）

4．疑問代名詞（Interrogative Pronoun）

　疑問代名詞とは、疑問を表す代名詞である。who、which、what の3語があり、単複同形である。

格変化表

	主格（〜は、〜が）	所有格（〜の）	目的格（〜を）
人	who	whose	Whom
人・物	which	—	Which
人・物	what	—	What

(1) who

<u>Who</u>　went　shopping with her yesterday?　　　　　　（主格主語）
　S　　V
（誰が昨日彼女と一緒に買い物に行ったのですか？）

<u>Who</u>　is　that lady?　　　　　　（主格補語）
　C　　V　　S
（あの女性は誰ですか？）

<u>Whose</u>　is　this key?　　　　　　（所有格）
　C　　V　　S
（この鍵は誰のですか？）

<u>Who</u> (=Whom)　did　you　invite　to your birthday party?　　　　　　（目的格）
　O　　　　　　　　　S　　V
（お誕生パーティに誰を招待したのですか？）

＊口語では、目的格 whom が文頭に来る場合には、whom の代わりに who が用いられることが多い。

第6章　代名詞

(2) which　　　　　　疑問文の答える範囲が限定されている。

    <u>Which</u>　is　more expensive, this one or that one?　　　（主格）
      S　　V　　　　C
    （こちらとあちらではどちらのほうが高価格ですか？）

    <u>Which</u>　do　you　like　better, summer or winter?　　（目的格）
      O　　　　S　　V
    （夏と冬ではどちらのほうが好きですか？）

(3) what　　　　　　疑問文の答える範囲が限定されていない。

    <u>What</u>　happened　to you?　　（主格主語）
      S　　　　V
    （あなたに何が起こったの？＝どうしたの？）

    <u>What</u>　exactly　is　your job?　　（主格補語）
      C　　　　　　V　　S
    （あなたはどんな仕事をしているのですか？）

    　　　　　┌──V──┐
    <u>What</u>　are　you　going to do　today?　　（目的格）
      O　　　　S
    （あなたは今日何をする予定ですか？）

(4) 形容詞的用法

    | whose、which、what ＋ 名詞 |
    （だれの〜、どちらの〜、どんな〜）

    <u>Whose</u>　jacket　is　this?
     形容詞　　名詞
    （これは<u>誰の</u>上着ですか？）

第 6 章　代名詞

<u>Which</u> <u>building</u> is your office in?
　形容詞　名詞
（あなたのオフィスがあるのは<u>どの</u>ビルですか？）

<u>What</u> <u>date</u> (of the month) is it today?
　形容詞　名詞
（今日は<u>何</u>日ですか？）

<u>What</u> <u>day</u> (of the week) is it today?
　形容詞　名詞
（今日は<u>何</u>曜日ですか？）

★通常少数の中から選ぶのが which で、多数の中から選ぶのが what である。

<u>Which</u> <u>book</u> do you want to read?
（どちらの本を読みたいですか？）
＊選択肢が狭く限定されているので、答える側は選ぶ対象が分かっている。

<u>What</u> <u>book</u> do you want to read?
（どんな本を読みたいですか？）
＊選択肢が広く限定されていないので、答える側は選ぶ対象を自分で決める。

第7章　形容詞（Adjective）

　形容詞には、名詞を修飾する「限定用法」と補語になる「叙述用法」の 2 つの用法がある。多くは両方の用法を持つが、どちらか一方の用法しか持たないものもある。

1．限定用法

　「限定用法」では、形容詞は名詞や代名詞の前後に来て、直接名詞や代名詞を修飾する。通常は修飾する語の前に置かれるが、形容詞が他の語と結合して語群になると、名詞や代名詞の後に置かれる。
　また、複合不定代名詞を修飾する場合には、形容詞はその直後に置かれる。**only**、**main**、**mere**、**elder** は限定用法にのみ使われる形容詞である。

　　The most **awful** thing has happened to her.
　　　　　　形容詞　名詞
　　（最もひどい出来事が彼女に起こった。）

　　This is a very **important** task.
　　　　　　　　　形容詞　　名詞
　　（これはとても重要な任務である。）

　　She gave her mother a basket **full** of beautiful flowers on Mother's Day.
　　　　　　　　　　　　名詞　形容詞
　　（母の日に彼女は母親に美しい花でいっぱいの花かごをあげた。）

　　He told her something **funny**.
　　　　　　　　名詞　　形容詞
　　（彼は彼女に何か面白い事を言った。）

Peter is her **only** child.
　　　　　形容詞　名詞
（ピーターは彼女のたった一人の子供である。）

2．叙述用法

　ＳＶＣ文型やＳＶＯＣ文型で、形容詞が主格補語や目的格補語として用いられる用法である。afraid、alike、alive、alone、ashamed、asleep、awake、aware などは叙述用法でだけ使われる。

　　<u>This task</u> <u>is</u> very <u>important</u>.
　　　　Ｓ　　　Ｖ　　　　Ｃ 主格補語
　　（この任務はとても重要である。）

　　<u>I</u> <u>am</u> <u>disappointed</u> at your refusal to help me.
　　Ｓ Ｖ　　Ｃ 主格補語
　　（あなたが私を助けてくれないことに私は失望している。）

　　<u>He</u> <u>fell</u> <u>asleep</u> during the lecture.
　　　Ｓ　Ｖ　　Ｃ 主格補語
　　（彼は講義中寝入った。）

　　<u>She</u> will <u>get</u> <u>well</u> quite soon.
　　　Ｓ　　　Ｖ　　Ｃ 主格補語
　　（彼女はすぐに良くなるだろう。）

　　<u>He</u> <u>found</u> <u>it</u> <u>easy</u> to persuade her.　　　　it is easy が成立する。
　　　Ｓ　　Ｖ　　Ｏ　Ｃ 目的格補語
　　（彼は彼女を説得するのが容易だと分かった。）

3．数量を表す形容詞

(1) 数えられる名詞の複数形につく形容詞で「数」を表す。

many　　some　　a few　　few

a few は「少しはある」という肯定的な表現で、few は「少ししかない、ほとんどない」という否定的な表現である。口語では many の意味で quite a few がよく使われる。

There are **many** museums in the town.
（その町にはたくさん美術館がある。）

There are **some** museums in the town.
（その町にはいくつか美術館がある。）

There are **a few** museums in the town.
（その町には美術館が2～3館ある。）

There are **few** museums in the town.
（その町には美術館がほとんどない。）

(2) 数えられない名詞につく形容詞で「量」を表す。

much　　some　　a little　　little

a little は「少しはある」という肯定的な表現で、little は「少ししかない、ほとんどない」という否定的な表現である。much、a little、little は副詞としても使われる。

There is **much** water in the pot.
（ポットにはたくさん水がある。）

There is **some** water in the pot.
（ポットにはいくらか水がある。）

第 7 章　形容詞

There is **a little** water in the pot.
（ポットには少しだけ水がある。）

There is **little** water in the pot.
（ポットにはほとんど水がない。）

e.g.　He doesn't like the job **much**.
　　　　　　　　　　　　　　副詞
（彼はその仕事をあまり好きではない。）

4．数詞

数詞とは、決まった数や順序を表すもので数的な関係を表すが、個数を表す基数詞と序数を表す序数詞とがある。

(1) 基数詞（Cardinal Numeral）

1	one
2	two
3	three
4	four
5	five
6	six
7	seven
8	eight
9	nine
10	ten
11	eleven
12	twelve
13	thirteen
14	fourteen
15	fifteen
16	sixteen
17	seventeen
18	eighteen

第 7 章　形容詞

19　nineteen
20　twenty
30　thirty
40　*forty　　　　　　　　　　　　　　　　　　*スペルに注意！
50　fifty
60　sixty
70　seventy
80　eighty
90　ninety
100　hundred

＊21 以上は 10 の位と 1 の位との間をハイフンで結ぶ。e.g. twenty-one, thirty-two, forty-three
＊101 以上の読み方に注意する。桁が多い場合にはカンマ(,)で一区切りにして読む。

102　　　　one hundred (and) two
5,784　　　five thousand, seven hundred (and) eighty-four
63,917　　 sixty-three thousand, nine hundred (and) seventeen
214,658　　two hundred (and) fourteen thousand, six hundred (and) fifty-eight
7,369,125　seven million, three hundred (and) sixty-nine thousand, one hundred (and) twenty-five

① 年号
　　1996 = nineteen ninety-six
　　2008 = two thousand eight

　e.g. 平成 20 年 = the <u>twentieth</u> year of Heisei　　＊序数詞を用いることに注意する。

② 時刻
　　8 時 30 分 = eight thirty,　half past (after) eight
　　9 時 45 分 = nine forty-five,　quarter to (of) ten

③ 金額
　　¥200 = two hundred yen

第7章 形容詞

$ 4.20 = four dollars (and) twenty (cents)
£ 8.10 = eight pounds (and) ten (pence)

④ 小数
12.103 = twelve point one zero three

⑤ 電話番号
3462-7103 = three four six two, seven one zero three

(2) 序数詞（Ordinal Numeral）

原則として the をつける　　　e.g. <u>the</u> first batter, <u>the</u> second speaker

1	first
2	second
3	third
4	fourth
5	fifth
6	sixth
7	seventh
8	eighth
9	ninth
10	tenth
11	eleventh
12	twelfth
13	thirteenth
14	fourteenth
15	fifteenth
16	sixteenth
17	seventeenth
18	eighteenth
19	nineteenth
20	twentieth
30	thirtieth

第7章　形容詞

```
40    fortieth
50    fiftieth
60    sixtieth
70    seventieth
80    eightieth
90    ninetieth
100   hundredth
```

＊2語以上の序数詞には、最後の語だけを序数詞にする。
　　e.g.　第135番目　　the one hundred (and) thirty-**fifth**

① 日付
　　8月14日 = the **fourteenth** of August　　　　　　　　（英語）
　　　　　　　August **fourteen**,　August the **fourteenth**　（米語）

② 分数
　　分子が2以上なら分母を複数にする。分母のみ序数詞である。

　　$\frac{1}{2}$ = a half, one half　　　　　$\frac{1}{4}$ = a quarter, one-fourth

　　$\frac{3}{5}$ = three-fifths　　　　　　$4\frac{2}{3}$ = four and two-thirds

③ 称号
　　Henry Ⅷ = Henry **the Eighth**　　　（ヘンリー8世）
　　Elizabeth Ⅱ = Elizabeth **the Second**　（エリザベス2世）

5．注意すべき用法

★漠然と多数を表す表現

＊**hundreds of** ～

Hundreds of young people joined the peace rally.
（数百人の若者たちがその平和集会に参加した。）

*thousands of

Thousands of people visited the Metropolitan Museum of Art in New York.
（数千人の人々がニューヨークにあるメトロポリタン美術館を訪れた。）

*millions of

Millions of visitors come to Boston each year.
（数百万人の訪問者が毎年ボストンにやってくる。）

第8章　副詞（Adverb）

　副詞は、一般的な副詞である「**単純副詞**」、疑問を表す副詞である「**疑問副詞**」、先行詞を修飾する節を結びつける「**関係副詞**」の3種類があり、動詞・形容詞や他の副詞を修飾する働きをする。

1．単純副詞

(1) 語形
　① 「形容詞＋ly」
　　通常そのまま形容詞に ly をつけて副詞になるので意味は変わらないが、ly がつくことによって形容詞とは意味が異なる場合（③参照）もあることに注意する。

```
        careful  →  carefully      （注意深い  →  注意深く）
        loud     →  loudly         （声が大きい  →  大声で）
        new      →  newly          （新しい  →  新しく）
        quick    →  quickly        （速い  →  速く）
        slow     →  slowly         （ゆるやかな  →  ゆっくり）
        wide     →  widely         （広い  →  広く）
```

　　★スペルの上で注意を要する語

-y で終わる語	easy → easily	（容易な → 容易に）
	happy → happily	（幸福な → 幸福に）
-le で終わる語	possible → possibly	（可能な → ことによると）
	probable → probably	（ありそうな → たぶん）
	simple → simply	（簡素な → 簡素に）
-ue で終わる語	true → truly	（本当の → 本当に）
	due → duly	（正当な → 正当に）
-ll で終わる語	full → fully	（いっぱいの → 十分に）

　② 形容詞と同形の副詞
```
        early （早い；早く）    far  （遠い；遠く）    fast （速い；速く）
        high  （高い；高く）    long （長い；長く）    low  （低い；低く）
        near  （近い；近く）
```

第8章 副詞

He <u>gets up</u> <u>early</u>.　　　　　（彼は早く起きる。）
　　　動詞　　副詞

He is an <u>early</u> <u>riser</u>.　　　　　（彼は早く起きる人だ。）
　　　　　形容詞　名詞

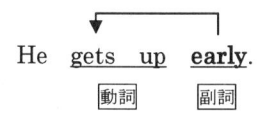

③ 形容詞と同形の副詞と「形容詞＋ly」の副詞の両方
　形容詞と同形の副詞と形容詞に-ly がつくことによってできた副詞の2つがある場合に、「形容詞＋-ly」の副詞の方が形容詞とは意味が異なるものがある。

late　（遅い；遅く）	lately　（最近）
near　（近い；近くに）	nearly　（ほとんど）
short　（短い；短く）	shortly　（すぐに）
hard　（一生懸命な；一生懸命に）	hardly　（ほとんど〜でない）

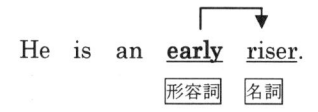

She works <u>hard</u>.　　　　　cf.　She was <u>hard</u> at her task.
　　　　　副詞　　　　　　　　　　　　　　　形容詞
（彼女は一生懸命に働く。）　　　　　　（彼女は任務に一生懸命であった。）

She <u>hardly</u> comes <u>late</u>.
　　　副詞　　　　副詞
（彼女はほとんど遅刻することはない。）

(2) 用法
　① 動詞を修飾する場合　　　　＊位置は文尾でも動詞の直前でもよい。

They <u>carefully</u> <u>listened</u> to the teacher.
　　　副詞　　　動詞

第8章　副詞

They listened to the teacher **carefully**.
　　　動詞　　　　　　　　　　副詞

（彼らは先生の言うことを注意深く聞いた。）

＊回数・否定を表す副詞は通常動詞の前にくるが、be 動詞と助動詞がある場合にはその直後にくる。　　cf. **always, usually, seldom, hardly, rarely** など

He **sometimes** goes to the swimming pool.
　　　副詞　　　動詞

（彼は時々スイミング・プールに行く。）

I will **never** forget your kindness.
　助動詞　副詞　動詞

（私はあなたの親切を決して忘れないでしょう。）

She is **often** late for school.
　　be動詞　副詞

（彼女はよく学校に遅れる。）

② 形容詞を修飾する場合

She is **very** honest.
　　　副詞　形容詞

（彼女はとても正直だ。）

He is old **enough** to drink alcohol.
　　　形容詞　副詞

（彼はもう充分アルコールを飲める年だ。）

＊enough が形容詞の場合の位置に注意する！

He had **enough** money to buy a new computer.
　　　形容詞　名詞

（彼は新しいコンピューターを買うのに充分なお金を持っていた。）

③ 副詞を修飾する場合

　　　She can dance **quite** **well**.
　　　　　　　　　　副詞　副詞
　　　（彼女はかなり上手に踊れる。）

④ 文全体を修飾する場合

　　　Perhaps she will not come here.
　　　副詞
　　　（おそらく彼女はここに来ないだろう。）

⑤ very と much の注意すべき用法

　very と much はともに程度を強める副詞で「非常に、大いに」の意味であるが、その用法は対照的である。

very	much
形容詞・副詞を修飾	動詞を修飾
現在分詞を修飾	過去分詞を修飾
原級を修飾	比較級を修飾

　　　Thank you **very much**.
　　　動詞　　　副詞句
　　　（どうもありがとう。）

＊Thank you very much は I thank you very much（私はあなたにとても感謝します⇒どうもありがとう）の主語 I が省略された文である。

第8章　副詞

This is a **very** big problem.
　　　　　　副詞　形容詞
（これはとても大きな問題だ。）

He ran **very** **fast**.
　　　　副詞　副詞
（彼はとても速く走る。）

It is a **very** **interesting** picture.
　　　　　副詞　現在分詞（形容詞的用法）
（それはとても面白い絵だ。）

He is **much** **taller** than I.
　　　　副詞　形容詞（比較級）
（彼は私よりずっと背が高い。）

I was **very much** **puzzled** by his words.
　　　　副詞句　　　過去分詞（形容詞的用法）
（私は彼の言葉にとても当惑した。）

★形容詞化した過去分詞は、much よりも very で修飾されることが多い。

We were **very (much)** **surprised** at the news.
　　　　　副詞　　　　過去分詞
（我々はそのニュースにとても**驚**いた。）

2．疑問副詞

　疑問副詞とは、疑問を表す副詞の when、where、why、how の 4 語で、疑問文や名詞節を導く働きをする。

① **when**
　　「いつ」の意味で時をたずねるのに用いる。

　　　　When did your daughter begin to play the piano?
　　　　（いつあなたの娘さんはピアノを弾き始めたのですか？）

　　　　I don't know **when** she began to play the piano.
　　　　　　　　　　　名詞節
　　　　（いつ彼女がピアノを弾き始めたのかはわからない。）

② **where**
　　「どこで」の意味で場所をたずねるのに用いる。

　　　　Where did you lose your pen?
　　　　（どこでペンを失くしたのですか？）

　　　　I don't know **where** I lost my pen.
　　　　　　　　　　　名詞節
　　　　（どこでペンを失くしたのかはわからない。）

③ **why**
　　「なぜ」の意味で理由をたずねるのに用いる。

　　　　Why did he get so angry with you?
　　　　（なぜ彼はそんなにあなたに対して怒ったのですか？）

　　　　I don't know **why** he got so angry with me.
　　　　　　　　　　　名詞節
　　　　（なぜ彼はそんなに私に対して怒ったのかわからない。）

第8章　副詞

④ how
「どのように」・「どのくらい」・「どんな状態で」などの意味で、方法・程度・状態・理由をたずねるのに用いる。

　　How do you go to work?　　　　By car.　　　　　　　（方法）
　　（仕事にはどうやって行くのですか？　車で行きます。）

　　I don't know **how** he did it.　　　　　　　　　　　　（方法）
　　　　　　　　　名詞節
　　（彼がどうやってそれをやったのかわからない。）

　　How are you?　　　I'm fine, thank you.　And you?　（状態）
　　（ごきげんいかがですか？）（ありがとう、元気です。あなたはどうですか？）

★How＋形容詞（または副詞）〜？

　　How **old** is your son?
　　　　　形容詞
　　（あなたの息子さんはおいくつですか？）

　　How **much** does this ticket cost?　=　How **much** is this ticket?
　　　　　副詞　　　　　　　　　　　　　　　　　　形容詞
　　（このチケットはいくらですか？）

　　How **far** is it from your house to your school?
　　　　　副詞
　　（あなたの家から学校までどのくらいありますか？）

　　How **long** is this private beach?　　　　　　　　　　（距離）
　　　　　形容詞
　　（このプライベート・ビーチはどのくらいの長さですか？）

　　How **long** have you been learning French?　　　　　（期間）
　　　　　副詞
　　（あなたはどのくらいの期間フランス語を学んでいるのですか？）

第9章　前置詞（Preposition）

　前置詞はその名の通り、名詞の前に置く詞である。決して単独では用いられずに、名詞または代名詞（目的格）の前に置かれて形容詞句や副詞句を作り、他の語との関係を示す。複雑な点があり、動詞や形容詞などと結合して、熟語を形成することもある。

前置詞＋名詞・代名詞［目的格］

（形容詞句）　The food **in the restaurant** was **out of this world**.
　　　　　　　　　　　　　　　　　　　　　　　　　(=delicious)
　　　　　　　（そのレストランの食事はすばらしかった。）

＊上記では in the restaurant も out of this world も両方とも形容詞句で、in the restaurant は The food を修飾し、out of this world は was の補語としての働きをする。

（副詞句）　**At last** he completed his report **at midnight**.
　　　　　（ついに彼は真夜中に報告書を仕上げた。）

＊上記では At last も at midnight も両方とも副詞句で、completed を修飾する。

1．時を表す前置詞

① at　　　…．時刻・年齢など時の一点（～に）

at eight	at the age of twenty（20歳の時に）	
at noon	at night	at the weekend
at breakfast	at lunch	at dinner
at Christmas	at Easter	

第9章　前置詞

② on　　　.... 特定の日・曜日など（〜に）　　＊at（時刻）より時間の幅が広い。

　　　　　　on July 4　　　　　　　on Monday
　　　　　　on New Year's Day　　　on Christmas Eve
　　　　　　on the morning of July 4　　on Monday morning　　on a cold night

　　　　　＊morning、afternoon、evening、night などに修飾語がついている場合には
　　　　　　特定化されているので、on を使う。

③ in　　　.... 月・季節・年代などの比較的**長い**期間（〜に）
　　　　　　＊on（特定の日・曜日）より時間の幅が広い。

　　　　　　in January　　　in summer　　　in 2009　　　in the 21st century
　　　　　　in the morning　　　in the afternoon　　　in the evening
　　　　　　in this modern era　　　in the age of IT(IT の時代に)
　　　　　　in these days of fast living

　　　　　＊morning、afternoon、evening などは一日の中の**部分**なので in を使う。

④ by　　　.... 完了の期限（〜までには）

　　　　　　Finish this report **by** the end of this week.
　　　　　　（このレポートを今週末までに仕上げなさい。）

　　　　　　We must be at the office **by** 9 o'clock.
　　　　　　（9時までには出社していなければならない。）

⑤ till, until　　.... 継続（〜まで）
　　　　　　I'll work hard **till** the end of this month.
　　　　　　（私は今月末まで一生懸命働くだろう。）

　　　　　　Until noon he was in bed.
　　　　　　（昼まで彼は寝ていた。）

71

第 9 章　前置詞

⑥ since　　….　過去のある時点から現在までの継続（〜以来ずっと）
　　　　　　　　＊主に完了形と共に用いられる。

　　　　　　　　It has been snowing **since** last night.
　　　　　　　　（昨晩からずっと雪が降っている。）

⑦ from　　….　時の出発点（〜から）

　　　　　　　　They worked hard **from** morning till evening.
　　　　　　　　（彼等は朝から晩まで一生懸命働いた。）

⑧ in　　….　現在を起点とする時間の経過（〜たてば、〜かかって）

　　　　　　　　She will be back **in** a few days.
　　　　　　　　（彼女は 2〜3 日したら戻ってくるだろう。）

⑨ after　　….　過去または未来のある時を起点とする時間の経過
　　　　　　　（〜後に、〜たってから）

　　　　　　　　She was back **after** a week.
　　　　　　　　（彼女は 1 週間後に戻ってきた。）

⑩ within　　….　一定の期限内（〜以内に）

　　　　　　　　She will be back **within** a few days.
　　　　　　　　（彼女は 2〜3 日以内に戻ってくるだろう。）

⑪ for　　….　不特定の連続した期間（〜の間）　　＊通常、数詞を伴う。

　　　　　　　　He has been sick **for** three days.
　　　　　　　　（彼は 3 日間ずっと病気だ。）

第9章　前置詞

⑫ during　．．．．　特定の期間（～の間）　　　　　　＊通常、数詞を伴わない。

　　　　　　　　He was sick **during** the weekend.
　　　　　　　　（彼は週末の間に病気になった。）

⑬ through　．．．．　ある期間中の継続（～の間ずっと）

　　　　　　　　He was sick **through** the weekend.
　　　　　　　　（彼は週末の間ずっと病気だった。）

２．場所を表す前置詞

① **in**　　．．．．　比較的広い場所（～で）
　at　　．．．．　比較的狭い場所（～で）

　　　　　　　　She works **at** Ginza **in** Tokyo.
　　　　　　　　（彼女は東京の銀座で働いている。）

② **in**　　．．．．　静止の位置（～の中に）＊狭い場所でも、その中にいる場合に用いられる。
　into　．．．　中への運動（～の中へ）
　out of．．．．　外への運動（～の中から）＊in, into の反意語

　　　　　　　⎧　He waited for her **in** the restaurant.
　　　　　　　⎪　（彼は彼女をレストランの中で待った。）
　　　　　　　⎨
　　　　　　　⎪　He waited for her **out of** the restaurant.
　　　　　　　⎩　（彼は彼女をレストランの外で待った。）

　　　　　　　⎧　He walked **into** the restaurant.
　　　　　　　⎪　（彼はレストランの中に入って行った。）
　　　　　　　⎨
　　　　　　　⎪　He walked **out of** the restaurant.
　　　　　　　⎩　（彼はレストランから出て行った。）

③ **on** .... 接触して（〜の上に）
　　　　　　　＊ある物の上に接触している状態を表すので、「接触している」と
　　　　　　　　いう点が重要であって、位置は横でも下でも可能である。

beneath .... 接触して（〜の下に）　　＊口語では **under** を使う。

　　　　　⎧　There is a fly **on** the floor.
　　　　　⎪　（床にハエがとまっている。）
　　　　　⎪
　　　　　⎨　There is a fly **on** the ceiling.
　　　　　⎪　（天井にハエがとまっている。）
　　　　　⎪
　　　　　⎪　There is a fly **on** the wall.
　　　　　⎩　（壁にハエがとまっている。）

＊上記の3つの文では、**on** が上・下・横にそれぞれ接触している状態を表している。

　　　　　　There was a coin **beneath** (=**under**) the carpet.
　　　　　　（カーペットの下に硬貨が一枚あった。）

　　　　　⎧　My cat often sleeps **on** my bed.
　　　　　⎪　（私の猫はよく私のベッドの上で眠る。）
　　　　　⎨
　　　　　⎪　My cat often sleeps **in** my bed.
　　　　　⎩　（私の猫はよく私のベッドの中で眠る。）

＊上の文では、**on** が「ある物の上に接触している状態」を表すので、「猫がベッド・カバーの上に乗って寝ている」様子を表しているが、下の文では、**in** が「ある物の中にいる状態」を表すので、「猫がベッド・カバーの中に入り込んで寝ている」様子を表している。

第9章　前置詞

④　**above**　　．．．．（〜の上方に）
　　below　　．．．．（〜の下方に）

> Write your name **above** or **below** the line.
> （この線の上か下かにあなたの名前を書きなさい。）
>
> The moon rose **above** the mountain.
> （月が山の上に昇った。）

⑤　**over**　　．．．．（〜の真上に）
　　under　．．．．（〜の真下に）

> There is a lamp **over** the table.
> （テーブルの真上に電灯がある。）
>
> There is a puppy **under** the table.
> （テーブルの真下に子犬がいる。）

⑥　**up**　　．．．．運動（〜の上へ）　　＊低い所からの上の方への運動・移動を表す。
　　down　．．．．運動（〜の下へ）　　＊高い所からの下の方への運動・移動を表す。

> We went **up** the hill.
> （私たちはその丘に登った。）
>
> We went **down** the hill.
> （私たちはその丘を下った。）

⑦　**to**　　　　．．．．到着（〜へ）　　　　＊最終的な到達点を表す。
　　toward(s)　．．．．方向（〜の方向に）　＊その方向へ進んだだけで到着したかは不明。
　　for　　　．．．．目的（〜に向けて）　　＊目的地を表すが実際に到着しているかは不明。

> They went **to** Paris.
> (彼等はパリへ行った。)　　→ パリに到着している。
>
> They went **toward** Paris.
> (彼等はパリの方へ行った。)　→ パリに到着しているかは不明。
>
> They left Japan **for** Paris.　→ パリが目的地であるが、実際に
> (彼等はパリへと日本を発った。)　到着しているかどうかは不明。

⑧　**between**　....　2つのものの（間に）
　　among　....　3つ以上のものの（間に）

> There is a railway station **between** the two towns.
> (その2つの町の間には鉄道の駅がある。)
>
> Divide the apples **between** you two.
> (リンゴを2人で分けなさい。)
>
> Divide the apples **among** you three.
> (リンゴを3人で分けなさい。)

```
＊between A and B　（AとBの間に）　　場所・時間両方に使える！
　 between Tokyo and Nagoya　　　　（東京・名古屋間）
　 between 7 and 8　　　　　　　　　（7～8時の間に）
```

⑨　**around/round**　（～の周囲に、～の周囲を）
　　about　....　（～のあたりに）　　　　＊漠然とした状況を表す。

> The earth moves **round** the sun.
> (地球は太陽の周りを回る。)
>
> There are a lot of beautiful flowers **about** the famous pub.
> (その有名なパブの周りにたくさんの美しい花がある。)

第9章　前置詞

⑩　**before**　.... 場所の前後関係（〜の前に、〜の正面に）
　　in front of　.... 場所の前後関係（〜の前に）　　＊無生物や建築物について用いる
　　　　　　　　　　　　　　　　　　　　　　　2つ以上の語が1つの前置詞の働
　　　　　　　　　　　　　　　　　　　　　　　きをする**群前置詞**である。

　　behind　.... 場所の前後関係（〜の後に、〜の背後に）

　　　　⎧　He suddenly fell down **before** my eyes.
　　　　｜　（彼は私の面前で突然倒れた。）
　　　　｜
　　　　⎨　There is a beautiful garden **in front of** her house.
　　　　｜　（彼女の家の前には美しい庭がある。）
　　　　｜
　　　　｜　His daughter was standing **behind** him.
　　　　⎩　（彼の娘が彼の後ろに立っていた。）

⑪　**across**　.... （〜を横切って）
　　along　.... （〜に沿って）
　　through　.... （〜を通り抜けて）

　　　　⎧　He ran **across** the street as soon as the traffic lights changed.
　　　　｜　（彼は信号が変わるやいなや通りを走って横切った。）
　　　　｜
　　　　⎨　He enjoyed running **along** the river.
　　　　｜　（彼は川沿いを走るのを楽しんだ。）
　　　　｜
　　　　｜　He ran **through** the woods.
　　　　⎩　（彼は森を走り抜けた。）

⑫　**from**　.... 出発点（〜から）
　　of　.... 分離、距離（〜から）
　　off　.... 分離、隔離（〜から離れて）

第 9 章　前置詞

⎧　He ran **from** the street as soon as the traffic lights changed.
⎪　（彼は信号が変わるやいなや通りから走りだした。）
⎪
⎨　The town is three miles north **of** Paris.
⎪　（その町はパリの北 3 マイルの所にある。）
⎪
⎪　The town is three miles **off**.
⎩　（その町は 3 マイル離れた所にある。）

⑬ against　　....　（～に寄りかかって、～にもたれて）

　　　　　　　　　His golf club is **against** the wall.
　　　　　　　　　（彼のゴルフクラブは壁に立てかけてある。）

⑭ beyond　　....　（～の向こうに、～を超えて）

　　　　　　　　　He is now **beyond** the sea.
　　　　　　　　　（彼は今海のかなたにいる。）

　＊基本的に「～を超えて」という意味で場所や時間の超越・超過を意味するが、
　　そこから発展して比喩的に範囲や限界を超える状態を表す際にも使われる。

　　　　　　　　　Mathematics is just **beyond** me.
　　　　　　　　　（数学は私の範囲を超えている　→　数学は私には難しすぎる。）

3．その他の用法

① of　　　....　材料（～で）材料は変化しない。
　 from　　....　原料（～で）材料が変化する。

第9章　前置詞

$\begin{cases} \text{The toy is made }\textbf{of}\text{ plastic.} \\ \text{(そのおもちゃはプラスチック製だ。)} \\ \\ \text{Butter is made }\textbf{from}\text{ milk.} \\ \text{(バターはミルクでできている。)} \end{cases}$

② **into** .... 変化（〜に）

$\begin{cases} \text{Milk is made }\textbf{into}\text{ butter.} \\ \text{(ミルクはバターになる。)} \\ \\ \text{Summer has changed }\textbf{into}\text{ autumn.} \\ \text{(夏が秋に変わった。)} \\ \\ \text{Ice melts }\textbf{into}\text{ water.} \\ \text{(氷は溶けて水になる。)} \end{cases}$

③ **of** .... 直接的な原因（〜で）
　from .... 間接的な原因（〜で）

$\begin{cases} \text{He died }\textbf{of}\text{ cancer.} \\ \text{(彼は癌で亡くなった。)} \\ \\ \text{He died }\textbf{from}\text{ overwork.} \\ \text{(彼は過労で亡くなった。)} \end{cases}$

④ **against** .... （〜に逆らって、〜に反対して）
　for .... （〜に味方して、〜に賛成して）

　　Was she **for** or **against** the proposal?
　　(彼女はその提案に賛成しましたか、それとも反対しましたか？)

第 9 章　前置詞

4．主な前置詞の個々の働き

(1) in

　in の持つ基本的な意味は、広い場所や範囲・領域の中に入った「～の中で」である。そこから、「時の内部、つまりある期間の中で」という意味になるなど、様々な意味に発展していく。

① 「～の中で」⇒ 場所の内部（～の中に、～で）

　　　人や物が何かの中に入っている「立体的な中」を表す場合だけではなく、「平面的な中」を表す場合もある。

　　　　　　A birthday present for me was **in a big box**.
　　　　　　（私へのお誕生日プレゼントは大きな箱の中に入っていた。）

　　　　　　They jumped rope **in a park**.
　　　　　　（彼等は公園の中で縄跳びをした。）

② 「～ある期間の中で」⇒ 時の内部（～に）

　　　　　　She was born **in 1993**.
　　　　　　（彼女は 1993 年に生まれた。）

　　＊「1993 年という期間の中で → 1993 年に」という意味になる。

③ 「～の中で」⇒ 着用（～を着て）

　　　　　　She was dressed in red (= a red dress).
　　　　　　（彼女は赤い服を着ていた。）

　　＊「赤という色の中で、着こなしていた（=be dressed）→ 赤い服を着ていた」という意味になる。**in a red dress** と続けて名詞 dress を使う表現もあるが、この場合にも「体が赤色の服の中にあった → 赤い服を着ていた」という意味になる。

第9章　前置詞

④「ある状態の中に」⇒（〜で）

　　　　He was **in** such a hurry.
　　　　（彼はとても急いでいた。）

　＊「急ぐという<u>状態の中にいた</u> → 急いでいた」という意味になる。

　　　　He is **in** good health.
　　　　（彼は健康である。）

　＊「健康という<u>状態の中にいる</u> → 健康である」という意味になる。

⑤「ある形状の中に」⇒ 言語（〜で）

　　　　What is this flower called **in English**?
　　　　（この花は英語で何と言いますか？）

　＊「英語という<u>形態の中で</u> → 英語で」という意味になる。

　　　　They were standing **in line** to get the tickets for Lion King.
　　　　（彼等はライオン・キングのチケットを手に入れるために並んでいた。）

　＊「列という<u>形態の中で</u> → 並んで」という意味になる。

⑥「ある時間(期間)の中で」⇒「現在を起点とする時間の経過」⇒（〜たてば、〜かかって）

　　　　She will finish her homework **in two hours**.
　　　　（彼女は2時間もすれば宿題を終えるだろう。）

　＊「2時間という<u>経過の中で</u> → 2時間経過すればその時点で」という意味になる。

　　　　They traveled Europe **in the summer**.
　　　　（彼らは夏にヨーロッパを旅した。）
　＊「夏という<u>期間の中で</u> → 夏に」という意味になる。

第 9 章　前置詞

(2) at

　at の持つ基本的な意味は、広がりのない狭い場所や時のある一点などに視点を当てた「～で、～に」である。

① 時の一点「ある時点で(時間)」⇒ (～で、～に)
　　時刻を点ととらえて at で表す。

　　　　　Stephan gets up <u>at seven</u> every morning.
　　　　　(ステファンは毎朝 7 時に起きる。)

　＊1 日・24 時間という範囲の中の 7 時という一時点に視点を当てて、「7 時に」という意味になる。

　　　　　Stella and Jim fell in love with each other <u>at first sight</u>.
　　　　　(ステラとジムは一目で恋に落ちた。)

　＊最初に会ったその一時点に視点を当てて「最初に見たその時点で → 一目で」という意味になる。

② 場所の一点「ある時点の位置や場所」⇒ (～で)

　　　　　Please open your book <u>at page fifteen</u>.
　　　　　(15 ページを開けて下さい。)

　＊一冊の本の中の 1 ページである 15 ページに焦点を当てて、「15 ページで本を開いて → 15 ページを開けて」という意味になる。

③「ある時点での感情の原因」⇒ (～に)
　　その感情の原因が発生した時点をとらえて、「～を聞いて、見て、知って」などという気持ちが含まれている。

We were very surprised **at her fluent English**.
（私達は彼女の流暢な英語にとても驚いた。）

＊「驚いた」という感情の原因が発生したのが、「彼女の流暢な英語を聞いた時点で → 彼女の流暢な英語に」という意味になる。

④「ある時点での従事」⇒ （～をして）

　　　ある時点で何かに従事していることを表す。後に続く名詞は無冠詞で単数形であることに注意する。

　　　You are not supposed to smoke **at work**.
　　　（仕事中は禁煙である。）

＊1日という時間的な範囲の中の「仕事をしている時点では → 仕事中、勤務中」という意味になる。

　　　Tom is still **at school**.
　　　（トムはまだ学校だ。）

＊「学校にいる → 授業中、在学中」というように意味が広がっていくものもある。

　　　Susie is a student **at Harvard**.
　　　（スージーはハーバード大学の学生である。）

＊意味が発展して、ここでは at は「所属」を表している。

⑤「ある時点での状態で」⇒ （～で）

　　　「ある時点」で何かに従事している時には、何らかの状態におかれるが、その時の様々な状態を at で表すことができる。

　　　She was **at ease** even in her new circumstances.
　　　（彼女は新しい環境の中でも気楽であった。）
＊「気楽な状態であった」という意味であるが、そこから発展して「緊張しなかった」という意味にもなる。

He was completely <u>at a loss</u>.
（彼は本当に途方にくれていた。）

＊「喪失した状態で」という意味だが、そこから発展して「当惑して」という意味になる。

(3) on

on の持つ基本的な意味は「接触」であり、何かに接触した状態で「～の上に」という意味になる。そこから「近接」・「同時」などの様々な意味に広がる。

① 「接触」⇒ （～の上に）
　　基本的には接触した状態を表すので、横でも下でも付着した状態であれば「～の上に」という表現として使える。

A beautiful picture is <u>on the wall</u>.
（美しい絵が壁に掛っている。）

＊絵に視点を当てて見ると、壁に付着した状態で壁の上に絵が掛っているので on で表す。

The garage is <u>on fire</u>.
（ガレージが火事だ。）

＊on fire は、on が「接触・付着」を意味するので、「火に接触して → 火がついている」という意味になる。

② 「従事」⇒ （～に）
　　「～に接触して、付着して」という意味から、何かに従事している様子を表す。

第 9 章　前置詞

　　　　　Now he is in London **on** business.
　　　　　（今彼は仕事でロンドンにいる。）

　　　　　Summer clothes are now **on** sale.
　　　　　（夏服は今セール中だ。）

③「時間的な接触」⇒　（〜した時、〜するとすぐ）
　　　ある動作に接触して、次の動作に移る感じから「〜した時、〜するとすぐ」という意味に発展する。on は前置詞（＝名詞の前に置く詞）であるから、直後に動作を表す動詞が来る場合にはその動詞は名詞、つまり「動名詞」にしなければならない。

　　　　　On arriving at the airport, he found a cart for his baggage.
　　　　　（空港に着くやいなや、彼は手荷物用のカートを見つけた。）

④「支点」⇒　（〜を支えにして）
　　　「〜を根拠に、〜に基づいて」などの意味にも発展していく。

　　　　　She can stand **on** her hands.
　　　　　（彼女は逆立ちができる。）

　　＊「手を支えにして立つことができる → 逆立ちができる」と意味が発展したものである。

　　　　　They live **on** her income.
　　　　　（彼等は彼女の収入で生活している。）

　　＊「彼女の収入を支えにして → 彼女の収入で」という意味になる。

(4) of

ofの持つ基本的な意味は、「分離」であるが、そこから用法は多様化している。

① 「分離」⇒（〜から）
　　何かからあるものを分離したり、取り除いたりすることを表す。動詞や形容詞と共に使われる。

　　　　　　　An unknown man robbed her of her bag.
　　　　　　　（一人の見知らぬ男が彼女のバッグを奪った。）

　　　　　　　She cured her son of the bad habit.
　　　　　　　（彼女は息子の悪い癖を直した。）

　　＊「悪い癖から分離させて直した → 悪い癖を直した」という意味になる。

　　　　　　　They enjoyed the concert free of charge.
　　　　　　　（彼等は無料でそのコンサートを楽しんだ。）

　　＊「チャージからフリーになって → 無料で」という意味になる。

② 「所属」⇒（〜の）

　　　　　　　He is a friend of mine (=my friends).
　　　　　　　（彼は私の友達の一人だ。）

　　　　　　　The financial district of New York is Wall Street.
　　　　　　　（ニューヨークの金融街はウォールストリートだ。）

　　　　　　　The roof of the house was blown off in the typhoon.
　　　　　　　（その家の屋根は台風で吹き飛ばされた。）

③ 「修飾」 ⇒ （〜の）

　　　　It is a complicated matter for a girl <u>of fifteen</u>.
　　　（それは 15 歳の女の子には複雑な問題だ。）

　＊女の子は女の子でも、15 歳の女の子ということで of fifteen が a girl を修飾している。

　　　　This is a photo <u>of my dog</u>.
　　　（これは私が飼っている犬の写真です。）

　＊of my dog が photo はどんなものであるのかを具体的に表して、修飾語句としての役割を果たしている。

④ 「話や知覚の対象」　（〜について）

　a) 話　　speak of 〜 / talk of 〜　　〜のことを話題にする
　　　　　know of 〜　　　　　　　　〜の存在を知っている
　　　　　hear of 〜　　　　　　　　〜の存在を聞いている

　b) 知覚　be aware of 〜　　　　　　〜に気がついている
　　　　　remind of 〜　　　　　　　〜を気づかせる、思い出させる

(5) for

for の持つ基本的な意味は「方向」であるが、そこから様々な意味へと発展していく。

① 「方向」 ⇒ （〜に向かって）

　　　　This plane is bound <u>for London</u>.
　　　（この飛行機はロンドン行きです。）

第9章　前置詞

② 「目的」⇒　（〜のために）

  She went <u>for a walk</u> in the park.
  （彼女は公園に散歩に行った。）

  He made a beautiful song <u>for her</u>.
  （彼は彼女のために美しい歌を作った。）

③ 「期間」⇒　（〜の間ずっと）　不特定だが、連続した時間を表す。

  He's been in Brighton <u>for three years</u>.
  （彼は3年間ずっとブライトンにいます。）

  She *stayed in the hotel <u>(for) two weeks</u>.
  （彼女は2週間ずっとそのホテルに滞在しました。）

 *継続の意味を持つ動詞の後では、for は省略されることがある。

④ 「理由」⇒　（〜の理由で）

  I'm sorry <u>for</u> having kept you waiting so long.
  （大変長くお待たせして申し訳ありません。）

  New Orleans is famous <u>for jazz</u>.
  （ニューオーリンズはジャズで有名です。）

⑤ 「交換」⇒　（〜と交換して、〜で）

  She bought the handkerchief <u>for 5 dollars</u>.
  （彼女はそのハンカチを5ドルで買った。）

 *「ハンカチを<u>5ドルと交換して</u>→<u>5ドルで</u>」という意味になる。

第 9 章　前置詞

He took Kate <u>for</u> Stella.
（彼はケイトをステラと勘違いした。）

＊take には「思う」や「みなす」という意味があり、for が「～と交換して」という意味なので、「ケイトとステラを交換して思った→誤って思い込んだ」という意味になる。

(6) from

from は場所や時間における「起点」を基本的な意味に持ち、「～から」という意味になる。物事の「起点」を表すが、「着点」は表さない。

①「起点」⇒　（～から）

　　from 自体が「起点」を意味するので、「始まり」を意味する begin や start などの動詞とは一緒に使われない。

He comes <u>from</u> Aomori.
（彼は青森出身です。）

＊「彼の起点が青森にある　→　青森出身である」という意味になる。

Wine is made <u>from</u> grapes.
（ワインはぶどうから作られる。）

＊「ワインの起点はぶどうにある　→　ワインはぶどうでできている」という意味になる。原料である「ぶどう」が変化してワインができているが、このように見ただけでは材料が分からない場合に from が使われる。材料が変化せずに見てわかる場合には of を使う。

②「原因」⇒　（～から、～で）

　　「起点」は物事の起きた出発点、つまり「原因」を表すことにもなる。ここから病気などの原因にも from が使われる。死因についても適用されて、間接的な死因の場合に from が使われる。直接的な死因の場合には of を使う。

She had a headache **from** lack of sleep.
（彼女は睡眠不足から頭痛がした。）

Many people died **from** starvation.
（多くの人々が餓死した。）

③「分離」⇒ （～から離れて）
　　起点からの分離を表して、「～から離す、離れる」の意味を含む。

The art museum is a long way **from** the station.
（その美術館は駅から遠い所にある。）

The rain prevented us **from** hiking.
（雨で私達はハイキングに行けなかった。）

④「区別」⇒ （～から、～とは）
　　他から何かを分離して、相違を区別する働きをする。

I can't tell Tom **from** Ben because they are twins.
（双子なのでトムとベンの区別がつかない。）

His opinion is different **from** mine (=my opinion).
（彼の意見は私のとは違う。）

(7) to

　to は基本的に「～に」という意味の「到達点」を表すが、「～へ」という意味の「移動」や「方向」も表す。

第9章　前置詞

① 「到達点」⇒ （～まで）

「～に達して」という意味から、その到達する「方向」まで意味が発展する。同様に「方向」を表す前置詞には toward や for などもあるが、目的地に到達したことを表す to に対して、toward は「その方向に向かって」、for は「目がけて」という意味で、どちらも目的地に到達したかどうかは不明である。

   He drove from Tokyo <u>to Aomori</u>.
   （彼は東京から青森まで運転した。）

＊移動の最終地点、つまり到達点が「青森」である。「東京という起点から青森という到達点まで運転した」という意味になる。

   When you get <u>to Brighton</u>, please call me.
   （ブライトンに着いたら、電話して下さい。）

＊到達点が「ブライトン」である。「ブライトンという目的地に到達したら、電話して下さい」という意味になる。

② 「結果」⇒ （～したことには、結果～になる）

到達点は結果も示すので、「～してその結果…だ」という意味を含む。

   He can take the whole engine of a car <u>to pieces</u>.
   （彼は車のエンジン全体をばらばらに分解することができる。）

③ 「程度」⇒ （～から）

到達点は「～に至るまで」という程度の意味も含む。

   He kept silent from beginning <u>to end</u>.
   （始めから終りまで彼は黙っていた。）

   We were caught in a shower and got wet <u>to the skin</u>.
   （私達はにわか雨にあって、ずぶぬれになった。）

④「比較」⇒ （〜よりも、〜と比べて）

>I prefer tea <u>to coffee</u>.
>（私はコーヒーより紅茶の方が好きだ。）

>They won by the score of five <u>to three</u>.
>（彼等は5対3のスコアで勝った。）

(8) by

　byの持つ基本的な意味は場所の近接で、「〜のそばに」という意味である。ここから「動きの接近」へと発展して「**〜を通って → によって**」という手段や単位や基準などを表す意味になる。

①「近接」⇒ （〜のそばに、〜のわきに）

>He was standing <u>by his son</u>.
>（彼は息子のそばに立っていた。）

　＊nearが「〜の近くに」という意味で距離関係を表すのに対して、**by**は位置関係を表す。

②「手段・方法」⇒ （〜という手段で、〜で、〜によって）

>She goes to school <u>by bus</u>.
>（彼女はバスで学校に行きます。）

③「基準」⇒ （〜によって）
　「基準」は、何かを判断する「手段」とも考えられる。
>It is half past eleven <u>by my watch</u>.
>（私の時計では11時半です。）

She is always judging a person **by his clothes**.
(彼女はいつも人を身なりで判断する。)

④「単位」⇒ （〜単位で、〜だけ、〜決めで）
　　「単位」は一つの「基準」とも考えられ、度合いを表す際にも用いられる。

She is paid **by the hour**.
(彼女は時間給です。)

Sales in 2009 increased **by 23%** compared to the previous year.
(2009年度の売上は前年比23％ほど増加した。)

They won the game **by 3 to 1**.
(彼等はその試合に3対1で勝った。)

⑤「期限」⇒ （〜迄に）

Complete your report **by tomorrow**.
(明日までにレポートを完成しなさい。)

＊till/until が「〜迄」という意味で「期限までの継続」を表すのに対して、by は「期限までの完了」を表す。

(9) with

　with の持つ基本的な意味は「〜と一緒に」である。この意味を中心に様々な意味に発展して用いられる。
①「随伴」⇒ （〜と一緒に）

I'll go there **with you**.
(あなたと一緒にそこに行きましょう。)

② 「付帯状況」⇒ （～のままで、～なので）
　「ある状況と一緒に～」という意味を含み、そこから発展して理由や原因を表すこともある。

　　　　She was listening to that song **with** her eyes closed.
　　　　（彼女は目を閉じたままその曲を聴いていた。）

③ 「道具」⇒ （～で、～を使って）
　「何か（道具）と一緒に～する」という意味を含み、そこから様々な意味に発展していく。

　　　　She cut it **with** a knife.
　　　　（彼女はナイフでそれを切った。）

　　　　He lifted up the girl **with** one hand.
　　　　（彼は片手でその女の子を持ち上げた。）

　　　　I was able to complete my task **with** your help.
　　　　（あなたが助けてくれたのでその仕事を終えることができた。）

④ 「関係」⇒ （～との関係において）
　「～と一緒に」という基本的な意味から発展して、人や物との何らかの関係を表す際に用いられる。

　　　　He has something to do **with** that.
　　　　（彼はその事と何らかの関係がある。）

　　　　She didn't get on well **with** him.
　　　　（彼女は彼とは仲良くやって行けなかった。）

⑤ 「原因」⇒ （～で）

　　　　She was in bed all day **with** cold.
　　　　（彼女は風邪で一日中寝ていた。）

第10章　動詞（Verb）

　動詞は動作・状態を表して、述語動詞（述部の中心）になり、その働きによって自動詞と他動詞、動作動詞と状態動詞のように分類される。

　動詞の語形変化には、原形・現在形・過去形・現在分詞形・過去分詞形の5種類がある。主語の人称や時制などによって形が変わるが、基本になるのは原形・過去形・過去分詞形で、その3つの語形変化を活用という。規則に則って、原形に-(e)d をつけて過去・過去分詞形を作る動詞を「規則動詞」といい、不規則な活用をする動詞を「不規則動詞」という。

　また、文の述語動詞は、いつの出来事かという時間的関係を語形変化によって表すが、この語形変化を**時制**という。現在・過去・未来という3つの基本時制があり、それぞれに完了時制があり、進行形がある。

1．原形

動詞の原形は、助動詞や不定詞の to の直後にくる。

　　　She can **speak** French as well as Spanish.
　　　（彼女はスペイン語同様にフランス語も話すことができる。）

　　　He must **be** tired after a day of hard work.
　　　（一日中一生懸命働いた後で、彼は疲れているに違いない。）

　　　I want to **visit** the British Museum when I am in London.
　　　（ロンドンにいる時に大英博物館を訪れたい。）

2．現在形

現在の事実や習慣、一般的真理などを表す「現在時制」の中で用いられる。

A. 現在時制の用法

第 10 章　動詞

(1) 現在の習慣

　　　Mr. Smith generally <u>leaves</u> the house at seven in the morning.
　　　（スミスさんは通常朝の 7 時に家を出ます。）

(2) 一般的な事実

　　　Mr. Simpson <u>owns</u> two German cars.
　　　（シンプソンさんはドイツ製の車を 2 台所有している。）

(3) 不変の真理
　　現在の事実が、現在・過去・未来を通じて変わらないことを表す。

　　　The sun <u>rises</u> in the east and <u>sets</u> in the west.
　　　（太陽は東から昇り、西に沈む。）

(4) 確定的な予定の行動
　　確実な予定を現在形で表すが、文中に未来を表す副詞(句)などがあることが多い。

　　　His plane <u>leaves</u> at ten <u>tomorrow morning</u>.
　　　　　　　　　　　　　　　　　副詞句
　　　（彼の乗る飛行機は明日の朝 10 時に出発します。）

B. 現在時制の形
(1) be 動詞　　　主語の人称によって語形が変化し、後に形容詞・名詞・場所を表す語句などが来る。

　① 後に 補語(名詞・形容詞) をとる be 動詞　　　「～です」という意味になる。

　　　1 人称単数　　am　　　　　　I <u>am</u> a college student.
　　　1 人称複数　　are　　　　　　We <u>are</u> college students.

2人称単数	are	You <u>are</u> a college student.
2人称複数	are	You <u>are</u> college students.
3人称単数	is	She <u>is</u> a college student.
3人称複数	are	They <u>are</u> college students.

Susie <u>is</u> very kind.
（スージーはとても親切です。）

② 後に 場所を表す語句 をとる be 動詞
　　　　　　　「～にいます、～にあります」の意味になる

A big box <u>is</u> on the table in the living room.
（大きな箱がリビングルームのテーブルの上にあります。）

There <u>are</u> 40 students in my class.
（私のクラスには 40 名の学生がいます。）

(2) have 動詞　　主語が 3 人称単数現在形の場合にのみ has に変化する。基本用法は「持っている」という所有の意味を表すが、そこから発展して人間関係や健康状態、様々な行為を表すこともある。

① 所有　　　「～を持っている」という意味になる。

1人称単数	have	I <u>have</u> a pet.　（私はペットを飼っている。）
1人称複数	have	We <u>have</u> a pet.
2人称単数	have	You <u>have</u> a pet.
2人称複数	have	You <u>have</u> a pet.
3人称単数	has	He <u>has</u> a pet.
3人称複数	have	They <u>have</u> a pet.

＊イギリスでは have の代わりに have got が口語表現としてよく使われる。

I<u>'ve got</u> a lot of interesting DVDs.　＝　I <u>have</u> a lot of interesting DVDs.
（私は面白い DVD をたくさん持っている。）

第 10 章　動詞

　　⎧　<u>Have</u> you <u>got</u> a pen?　　(= Do you <u>have</u> a pen?)
　　⎪　(ペンを持っていますか？)
　　⎪
　　⎪　Yes, I <u>have</u>.　　=　Yes.　<u>I've got</u> a pen.
　　⎨　(はい。ペンを持っています。)
　　⎪
　　⎪　No, I <u>haven't</u>.　=　No.　I <u>haven't got</u> a pen.
　　⎪　(いいえ。ペンを持っていません。)
　　⎩

② 様々な行為を表す have

　　I <u>have</u> a headache now.
　　(今頭痛がする。)

　　She <u>has</u> (= drinks) a cup of tea every morning.
　　(彼女は毎朝紅茶を一杯飲む。)

　　We <u>have</u> (=take) five English lessons per week.
　　(私達は 1 週間に 5 回英語のレッスンを受ける。)

(3) 一般動詞
　　　主語が 3 人称単数現在形の場合にのみ、一般動詞の原形に s または es をつける。

　　He <u>comes</u> home from work at six every evening.
　　(彼は毎晩 6 時に仕事から帰宅する。)

　　Her father <u>washes</u> the dishes after supper.
　　(彼女の父親は夕食後食器を洗う。)

★3 単現- (e)s のつけ方

① 語尾が「子音字＋y」の場合　⇒　y を i に変えて es をつける。*発音は[z]
　　　carry → carr<u>ies</u>,　　cry → cr<u>ies</u>,　　fly → fl<u>ies</u>,　　study → stud<u>ies</u>

第 10 章　動詞

＊「母音字＋y」の場合は、そのまま s をつける。　＊発音は[z]
　　enjoy → enjoys,　　play → plays,　　say → says,　　stay → stays

② 語尾が「子音字＋o」の場合　⇒　es をつける。　＊発音は[z]
　　do → does,　　　　go → goes,　　　　　　veto → vetoes

③ 語尾が「ch, s, sh, x, z」の場合　⇒　es をつける。　＊発音は[iz]
　　catch → catches,　　teach → teaches,　　touch → touches,
　　watch → watches,　　miss → misses,　　pass → passes,
　　brush → brushes,　　finish → finishes,　　push → pushes,
　　wash → washes　　　fix → fixes,　　　　mix → mixes,
　　buzz → buzzes

④ 上記以外は、普通に s をつける。
[s]　cook → cooks,　　get → gets,　　make → makes,　speak → speaks,
　　stop → stops,　　take → takes,　talk → talks,　　want → wants
[z]　arrive → arrives,　come → comes,　give → gives,　leave → leaves,
　　listen → listens,　play → plays,　run → runs,　　sell → sells
[iz] gaze → gazes,　　judge → judges,　lose → loses,　rise → rises

3．現在分詞形

　現在分詞は、「動詞の原形＋ing」という形である。be 動詞と結合して「進行形」として、また過去分詞形と同様に名詞や代名詞を修飾する形容詞として用いられ、分詞構文では副詞的に使われる。

(1) 現在分詞の作り方

①「子音字＋e」で語尾が発音しない「e」の場合　⇒　e をとって ing をつける。
　　e.g.　come → coming,　　drive → driving,　　give → giving,
　　　　 have → having,　　　make → making,　　save → saving,
　　　　 skate → skating,　　smile → smiling,　　take → taking

＊語尾が発音しない「e」の場合でも直前に母音がある場合は、そのまま ing をつける。
  e.g. dye → dyeing

＊語尾が発音する「e」の場合には、そのまま ing をつける。
  e.g. see → seeing, flee → fleeing

② 語尾が「ie」の場合 ⇒ ie を y に変えて ing をつける。
  e.g. die → dying, lie → lying, tie → tying

③ 語尾が「1母音字（短母音）＋1子音字」の1音節の動詞の場合 ⇒ 最後の子音字を重ねて ing をつける。
  e.g. cut → cutting, drop → dropping, get → getting,
     knit → knitting, put → putting, run → running,
     set → setting, sit → sitting, swim → swimming

④ 語尾が「1母音字（短母音）＋1子音字」の2音節以上の動詞で、<u>最後の音節</u>にアクセントがある場合 ⇒ 最後の子音字を重ねて ing をつける。
  e.g. begin → beginning, occur → occurring, omit → omitting

⑤ 語尾が「1母音字（短母音）＋1子音字」の2音節以上の動詞で、<u>最初の音節</u>にアクセントがある場合 ⇒ そのまま ing をつける。
  e.g. target → targeting, wait → waiting

⑥ 語尾が「ic」の場合 ⇒ ic の後に k を加えて ing をつける。
  e.g. mimic → mimicking, panic → panicking, picnic → picnicking

⑦ 上記以外は、普通に ing をつける。
  e.g. do → doing, call → calling, cry → crying,
     speak → speaking, stand → standing, stay → staying,
     study → studying, talk → talking, wash → washing

第10章　動詞

(2) 現在分詞の用法

① 形容詞的用法
名詞を修飾する形容詞として用いられる。

That **shouting** boy is Ben.
（あの叫んでいる少年はベンです。）
＊少年は少年でも「叫んでいる」少年の意味で、名詞 boy を修飾している。

② 補語になる主格補語
現在分詞が主語の補語になるために 主語＋be＋現在分詞(補語) の関係が成立する。

The baby kept **crying** all night.	The baby is crying が成立する。
（その赤ちゃんは一晩中泣き続けた。）	
My father went **fishing** yesterday.	My father is fishing が成立する。
（私の父は昨日釣りに行った。）	

★ go ＋ ～ing　　（～をしに行く）
体を動かすレジャーや娯楽などの活動に用いられる。

e.g.　go boating　　　　go camping　　　　go dancing
　　　go hunting　　　　go shopping　　　　go skating
　　　go skiing　　　　　go swimming　　　 go walking

③ 補語になる目的格補語
目的語が意味上の主語で、現在分詞との間に be 動詞を入れた関係が成立する。

I　saw　Jane　**dancing**.
S　V　　O　　C
（私はジェインが踊っているのを見た。）

＊dancing の意味上の主語は Jane で、Jane is dancing が成立する。

<u>Tom</u> <u>kept</u> <u>his friend</u> **waiting** for a long time.
　S　　V　　　O　　　　C
（トムは長い間友達を待たせ続けた。）

＊waiting の意味上の主語は his friend で、His friend is waiting が成立する。

<u>She</u> <u>heard</u> <u>her name</u> **called**.
　S　　V　　　O　　　C
（彼女は自分の名前が呼ばれるのを聞いた。）

＊called の意味上の主語は her name で、Her name is called が成立する。

4．過去・過去分詞形

　過去形は、過去の事実・習慣・経験などを表す際や、過去完了形の代用、時制の一致および仮定法などにも使われる「過去時制」の中で用いられる。また、「過去分詞形」は be 動詞や have などと結合して「受動態」や「完了時制」の中で用いられ、あるいは名詞や代名詞を修飾する形容詞の働きをし、分詞構文では副詞的に用いられる。

(1) 過去形　　　　　完全に終了した行為を、動詞の過去形を用いて過去時制で表す。

　① **be 動詞**　　人称・数による変化がある。

　　　　　　| am, is → was,　　are → were |

　　　She **was** a college student 3 years ago.　　← 過去の事実
　　　（彼女は 3 年前は大学生<u>でした</u>。）

　② 一般動詞
　　　be 動詞とは異なり、主語の人称や数による語形変化はない。ただし、その活用によって規則的に変化する「規則動詞」と不規則に変化する「不規則動詞」に分類される。

第 10 章　動詞

　a) 過去の習慣

　　　He **went** skiing every winter in his school days.
　　　(彼は学生時代毎年冬にスキーに行った。)

　b) 過去の経験

　　　He never **drove** faster than the speed limit.
　　　(彼はスピード制限を超えたことは決してなかった。)

　　　I never **saw** such a beautiful piece of scenery.
　　　(私はこんなに美しい景気を一度も見たことがなかった。)

　　＊上記の2文の表現は、それぞれ今までの経験を表す現在完了形を用いて表現することもできる。

　　$\begin{cases} \text{He \textbf{has never driven} faster than the speed limit.} \\ \text{I \textbf{have never seen} such a beautiful piece of scenery.} \end{cases}$

(2) 規則動詞の活用
　　-ed の発音に関しては、原形語尾が[d]以外の＊有声音の時には[d]、[t]または[d]の時には[id]、[t]以外の＊無声音の時には[t]と発音する。

　＊声帯の振動を伴うのが**有声音**で、伴わないのが**無声音**である。つまり、声帯が振動して空気が声に変わる音を有声音という。対して、肺からの空気が声帯を振動させるに至らない息の状態の音を無声音という。英語では母音と子音の半数以上が有声音で、残りの子音が無声音である。

　① 語尾が [e] の場合 ⇒ d だけをつける。
　　[id]　celebrate → celebrate**d**,　　create → create**d**,　　decide → decide**d**,
　　　　　educate → educate**d**,　　graduate → graduate**d**,　　invite → invite**d**,
　　　　　operate → operate**d**,　　originate → originate**d**,　　waste → waste**d**

[t] cease → ceased,　　　chance → chanced,　　escape → escaped,
　　 force → forced,　　　 hope → hoped,　　　　like → liked,
　　 place → placed,　　　 practice → practiced,　promise → promised
[d] advise → advised,　believe → believed,　cause → caused, die → died,
　　 endure → endured, examine → examined, live → lived, love → loved,
　　 move → moved,　 oblige → obliged,　prove → proved, retire → retired,
　　 save → saved,　　spare → spared,　　use → used

② 語尾が「子音字＋y」の場合　⇒　y を i に変えて ed をつける。

[id] apply → applied, carry → carried,　cry → cried,　　deny → denied,
　　 dry → dried,　　hurry → hurried, occupy → occupied, rely → relied,
　　 reply → replied, study → studied, try → tried,　　worry → worried

　注意!　語尾が「母音字＋y」の場合には、そのまま ed をつける。
　　　　 enjoy → enjoyed,　　play → played,　　stay → stayed

③ 語尾が「1母音字（短母音）＋1子音字」の1音節*の動詞の場合
　　⇒　最後の子音字を重ねて ed をつける。

[id] dot → dotted,　　jot → jotted,　　pat → patted,　　plod → plodded
[t] chip → chipped, drip → dripped, drop → dropped, hop → hopped,
　　 step → stepped, stop → stopped, tip → tipped,　wrap → wrapped
[d] beg → begged,　plan → planned, scrub → scrubbed, stir → stirred

　＊「音節」とは、発音する母音がいくつあるかで決まる。発音する母音が1つであ
　　 れば、1音節といい、2つあれば2音節という。連続する母音は1つと考える。

④ 語尾が「1母音字（短母音）＋1子音字」の2音節以上の動詞で、最後の音節にアクセントがある場合　⇒　最後の子音字を重ねて ed をつける。

[id] commit → committed,　emit → emitted,　　omit → omitted,
　　 permit → permitted,　regret → regretted, submit → submitted
[t] equip → equipped
[d] compel → compelled,　infer → inferred,　occur → occurred,
　　 prefer → preferred,　refer → referred,　transfer → transferred

第 10 章　動詞

⑤ 語尾が「1母音字（短母音）＋ 1子音字」の2音節以上の動詞でも、<u>アクセントが前にある場合</u> ⇒ 単に ed をつける。

　　[id]　visit → visit<u>ed</u>,　　　 limit → limit<u>ed</u>
　　[d]　differ → differ<u>ed</u>,　 matter → matter<u>ed</u>,　 offer → offer<u>ed</u>,
　　　　scatter → scatter<u>ed</u>,　 suffer → suffer<u>ed</u>,　 wonder → wonder<u>ed</u>

⑥ 語尾が「ic」の場合 ⇒ ic の後に k を加えて ed をつける。

　　[t]　mimic → mimick<u>ed</u>,　 panic → panick<u>ed</u>,　 picnic → picnick<u>ed</u>

⑦ 上記以外は、普通に ed をつける。

　　[id]　avoid → avoid<u>ed</u>,　collect → collect<u>ed</u>, end → end<u>ed</u>,　 insist → insist<u>ed</u>,
　　　　repeat → repeat<u>ed</u>,　 test → test<u>ed</u>,　 wait → wait<u>ed</u>,　 want → want<u>ed</u>
　　[t]　ask → ask<u>ed</u>, help → help<u>ed</u>,　 laugh → laugh<u>ed</u>,　 look → look<u>ed</u>,
　　　　mix → mix<u>ed</u>, pass → pass<u>ed</u>,　 touch → touch<u>ed</u>,　 watch → watch<u>ed</u>
　　[d]　call → call<u>ed</u>, explain → explain<u>ed</u>,　 gain → gain<u>ed</u>, kill → kill<u>ed</u>

(3) 不規則動詞の活用

　　活用に一定の規則がなく、不規則な活用をするが、原形・過去形・過去分詞形の変化の型によって以下のように分類される。
　　暗記する以外に対応する方法がないので、同じようなスペル変化をする単語をグループ分けして、下線部に注意して覚えると暗記しやすい。

① A・B・B 型

　　$\begin{cases} \text{bring} \rightarrow \text{br}\underline{\text{ought}} \rightarrow \text{br}\underline{\text{ought}} \\ \text{buy} \rightarrow \text{b}\underline{\text{ought}} \rightarrow \text{b}\underline{\text{ought}} \\ \text{think} \rightarrow \text{th}\underline{\text{ought}} \rightarrow \text{th}\underline{\text{ought}} \end{cases}$

　　$\begin{cases} \text{catch} \rightarrow \text{c}\underline{\text{aught}} \rightarrow \text{c}\underline{\text{aught}} \\ \text{teach} \rightarrow \text{t}\underline{\text{aught}} \rightarrow \text{t}\underline{\text{aught}} \end{cases}$

第 10 章　動詞

$$\begin{cases} \underline{ben}d \rightarrow ben\underline{t} \rightarrow ben\underline{t} \\ \underline{buil}d \rightarrow buil\underline{t} \rightarrow buil\underline{t} \\ \underline{len}d \rightarrow len\underline{t} \rightarrow len\underline{t} \\ \underline{sen}d \rightarrow sen\underline{t} \rightarrow sen\underline{t} \\ \underline{spen}d \rightarrow spen\underline{t} \rightarrow spen\underline{t} \end{cases}$$

$$\begin{cases} b\underline{ind} \rightarrow b\underline{ound} \rightarrow b\underline{ound} \\ f\underline{ind} \rightarrow f\underline{ound} \rightarrow f\underline{ound} \\ w\underline{ind} \rightarrow w\underline{ound} \rightarrow w\underline{ound} \end{cases}$$

$$\begin{cases} f\underline{eel} \rightarrow f\underline{el}t \rightarrow f\underline{el}t \\ l\underline{eave} \rightarrow l\underline{ef}t \rightarrow l\underline{ef}t \end{cases}$$

$$\begin{cases} k\underline{eep} \rightarrow k\underline{ept} \rightarrow k\underline{ept} \\ sl\underline{eep} \rightarrow sl\underline{ept} \rightarrow sl\underline{ept} \\ sw\underline{eep} \rightarrow sw\underline{ept} \rightarrow sw\underline{ept} \end{cases}$$

$$\begin{cases} sa\underline{y} \rightarrow sa\underline{id} \rightarrow sa\underline{id} \\ pa\underline{y} \rightarrow pa\underline{id} \rightarrow pa\underline{id} \end{cases}$$

$$\begin{cases} s\underline{ell} \rightarrow s\underline{old} \rightarrow s\underline{old} \\ t\underline{ell} \rightarrow t\underline{old} \rightarrow t\underline{old} \end{cases}$$

$$\begin{cases} \underline{stand} \rightarrow \underline{stood} \rightarrow \underline{stood} \\ under\underline{stand} \rightarrow under\underline{stood} \rightarrow under\underline{stood} \end{cases}$$

$$\begin{cases} ha\underline{ve} \rightarrow ha\underline{d} \rightarrow ha\underline{d} \\ hear \rightarrow hear\underline{d} \rightarrow hear\underline{d} \\ ma\underline{k}e \rightarrow ma\underline{d}e \rightarrow ma\underline{d}e \end{cases}$$

$$\begin{cases} l\underline{ead} \rightarrow l\underline{et} \rightarrow l\underline{et} \\ m\underline{eet} \rightarrow m\underline{et} \rightarrow m\underline{et} \end{cases}$$

$$g\underline{et} \rightarrow g\underline{ot} \rightarrow g\underline{ot}$$

$$lo\underline{se} \rightarrow los\underline{t} \rightarrow los\underline{t}$$

第 10 章　動詞

s<u>i</u>t → s<u>a</u>t → s<u>a</u>t

w<u>i</u>n → w<u>o</u>n → w<u>o</u>n

read → read → read
＊A・B・B型で発音は［riːd］→［red］→［red］であるが、スペルは
A・A・A型であることに注意する。

② A・B・A型

$\begin{cases} \underline{\text{come}} → \underline{\text{came}} → \underline{\text{come}} \\ \text{be}\underline{\text{come}} → \text{be}\underline{\text{came}} → \text{be}\underline{\text{come}} \\ \text{over}\underline{\text{come}} → \text{over}\underline{\text{came}} → \text{over}\underline{\text{come}} \end{cases}$

r<u>u</u>n → r<u>a</u>n → r<u>u</u>n

③ A・B・C型

$\begin{cases} \text{beg}\underline{\text{i}}\text{n} → \text{beg}\underline{\text{a}}\text{n} → \text{beg}\underline{\text{u}}\text{n} \\ \text{dr}\underline{\text{i}}\text{nk} → \text{dr}\underline{\text{a}}\text{nk} → \text{dr}\underline{\text{u}}\text{nk} \\ \text{s}\underline{\text{i}}\text{ng} → \text{s}\underline{\text{a}}\text{ng} → \text{s}\underline{\text{u}}\text{ng} \\ \text{sw}\underline{\text{i}}\text{m} → \text{sw}\underline{\text{a}}\text{m} → \text{sw}\underline{\text{u}}\text{m} \end{cases}$

$\begin{cases} \text{br}\underline{\text{ea}}\text{k} → \text{br}\underline{\text{oke}} → \text{br}\underline{\text{oke}}\text{n} \\ \text{sp}\underline{\text{ea}}\text{k} → \text{sp}\underline{\text{oke}} → \text{sp}\underline{\text{oke}}\text{n} \end{cases}$

$\begin{cases} \text{dr}\underline{\text{a}}\text{w} → \text{dr}\underline{\text{ew}} → \text{draw}\underline{\text{n}} \\ \text{withdr}\underline{\text{a}}\text{w} → \text{withdr}\underline{\text{ew}} → \text{withdraw}\underline{\text{n}} \end{cases}$

$\begin{cases} \text{dr}\underline{\text{i}}\text{ve} → \text{dr}\underline{\text{o}}\text{ve} → \text{driv}\underline{\text{e}}\text{n} \\ \text{r}\underline{\text{i}}\text{se} → \text{r}\underline{\text{o}}\text{se} → \text{rise}\underline{\text{n}} \end{cases}$　　cf. raise→raised→raised（〜を上げる）

$\begin{cases} \text{gr}\underline{\text{ow}} → \text{gr}\underline{\text{ew}} → \text{gr}\underline{\text{own}} \\ \text{kn}\underline{\text{ow}} → \text{kn}\underline{\text{ew}} → \text{kn}\underline{\text{own}} \\ \text{thr}\underline{\text{ow}} → \text{thr}\underline{\text{ew}} → \text{thr}\underline{\text{own}} \end{cases}$

第 10 章　動詞

$$\begin{cases} r\underline{i}de \rightarrow r\underline{o}de \rightarrow rid\underline{de}n \\ wr\underline{i}te \rightarrow wr\underline{o}te \rightarrow wri\underline{tte}n \end{cases}$$

$$\begin{cases} do \rightarrow did \rightarrow do\underline{ne} \\ go \rightarrow went \rightarrow go\underline{ne} \end{cases}$$

ch\underline{oo}se → ch\underline{o}se → ch\underline{o}se\underline{n}

f\underline{a}ll → f\underline{e}ll → f\underline{a}lle\underline{n}

fly → fl\underline{ew} → fl\underline{ow}n

g\underline{i}ve → g\underline{a}ve → give\underline{n}

s\underline{ee} → s\underline{aw} → s\underline{ee}n

t\underline{a}ke → t\underline{oo}k → t\underline{a}ke\underline{n}

w\underline{ea}r → w\underline{o}re → w\underline{or}n

④ A・A・B 型

beat → beat → beat\underline{en}

⑤ A・A・A 型

cost → cost → cost
cut → cut → cut
hit → hit → hit
hurt → hurt → hurt
let → let → let
put → put → put
set → set → set
shut → shut → shut
spread → spread → spread
thrust → thrust → thrust

第 10 章　動詞

(4) 注意を要する活用

不規則変化 (A・B・C型)	lie → lay → lain	（横たわる）
不規則変化 (A・B・B型)	lay → laid → laid	（横たえる）
規則変化	lie → lied → lied	（うそを言う）

不規則変化 (A・B・B型)	bind → bound → bound	（縛る）
規則変化	bound → bounded → bounded	（はずむ）

不規則変化 (A・B・B型)	find → found → found	（見つける）
規則変化	found → founded → founded	（設立する）

不規則変化 (A・B・B型)	hang → hung → hung	（つるす）
規則変化	hang → hanged → hanged	（絞殺する、絞殺になる）

不規則変化 (A・B・B型)	shine → shone → shone	（輝く）
規則変化	shine → shined → shined	（みがく）

第 10 章　動詞

不規則変化 (A・B・B型)	wind	→	wound	→	wound	（巻く）
規則変化	wound	→	wounded	→	wounded	（傷つける）

不規則変化 (A・B・C型)	fall	→	fell	→	fallen	（倒れる）
規則変化	fell	→	felled	→	felled	（切り倒す）

(5) 過去分詞の形容詞的用法

　　　This is a book **written** in English.
　　　（これは英語で書かれている本です。）

　　＊過去分詞 written が名詞 a book を修飾する形容詞として用いられている。written in English で「英語で書かれている」という意味の形容詞句である。

5．未来形

　未来形は「未来の時」を表し、「単純未来」と「意志未来」の 2 種類がある。「**未来を表す助動詞 will (shall)＋動詞の原形**」が基本的な形ではあるが、その他にも未来を表す様々な形がある。

(1) 単純未来　　　　　　　　単なる未来を表す

　　　I **will be** in my junior year at Boston in September.
　　　（私は 9 月にボストン大学の 3 年生になります。）

　　　She **will come** here in a minute.
　　　（彼女はまもなくやって来るでしょう。）

Where **will** you **be** tomorrow afternoon?
（明日の午後あなたはどこにいますか？）

＊イギリス英語では主語が1人称の場合に限り、shall が使われることがある。

I **shall be** sixteen in December.
（私は12月に16歳になります。）

Shall we **have** much rain this year?
（今年は雨が多いでしょうか？）

(2) 意志未来　　　　　　話し手の意志を表したり、相手の意志・意向をたずねる

I **will join** a drama club.
（私は演劇部に入部するつもりです。）

I **won't make** you cry again.
（私は二度とあなたを泣かせはしない。）

What **will** you **major** at Columbia?
（あなたはコロンビア大学で何を専攻するつもりですか？）

Shall we **sing** a song together?
（一緒に歌いましょうか？）

(3) 未来を表すその他の表現

① be going to ＋ 動詞の原形
　a）近い未来の予測
　　　「～するだろう」の意味で近い未来の予測を表すが、現在の状況から判断してこれから起こることが分かる場合に用いる。

It's **going to** rain this afternoon.　　　　空模様から判断して予測ができる
（今日の午後は雨になりそうだ。）

b）意志や意図

「〜するつもりだ」という意味で、前もって考えていた意志や意図、あるいは前もって準備をしていることを表す場合に用いる。

We're **going to** dine out on our wedding anniversary.
（私達は結婚記念日には外食するつもりだ。）

② 未来を表す現在進行形　　　近い未来を表し、通常未来を表す副詞(語句)を伴う

I'm **going** to the library <u>on Saturday</u>.
　　　　　　　　　　　　未来を表す副詞語句
（私は土曜日に図書館に行く予定です。）

The typhoon **is visiting** the Boso Peninsula <u>tomorrow afternoon</u>.
　　　　　　　　　　　　　　　　　　　　　未来を表す副詞語句
（台風は明日の午後房総半島に上陸するだろう。）

③ 未来を表す現在形　　確定的な未来の行為を表し、通常未来を表す副詞語句を伴う

We **leave** Narita <u>at 10 a.m.</u> and **arrive** in Saipan <u>at 1 p.m.</u>
　　　　　　　　未来を表す副詞語句　　　　　　　　　　　未来を表す副詞語句
（午前10時に成田を出発して午後1時にサイパンに到着する予定です。）

④ be to ＋ 動詞の原形　　　「〜する予定だ」の意味で予定や計画などを表す

We're **to meet** <u>at five tonight</u> to see a movie.
　　　　　　　未来を表す副詞語句
（私達は映画を見に今晩5時に会う予定です。）

⑤ be about to ＋ 動詞の原形
「まさに〜しようとしている」の意味だが、未来を表す副詞語句を伴わない

第 10 章　動詞

The professor **is about to** start his lecture.　We have to be quiet.
（教授がまさに講義を始めようとしている。静かにしなければならない。）

6．「状態」の過去分詞と「原因」の現在分詞

　人や物の状態は、受動的に外部からの力で引き起こされると考えて「過去分詞形」で表現されることが多い。また、そのような状態をもたらす原因を「現在分詞形」で表すことがある。

（状態）　She is **excited** by the story.
　　　　　（彼女はその物語に興奮している。）

（状態）　The girl **excited** by the story is my sister.
　　　　　（その物語に興奮している少女は私の妹だ。）

（原因）　The story is **exciting** to her.
　　　　　（その物語は彼女をわくわくさせる。）

[同じ働きをする動詞]

原形	過去分詞	現在分詞
alarm	alarmed	alarming
amaze	amazed	amazing
amuse	amused	amusing
annoy	annoyed	annoying
astonish	astonished	astonishing
bore	bored	boring
confuse	confused	confusing
depress	depressed	depressing
disappoint	disappointed	disappointing
disgust	disgusted	disgusting
distress	distressed	distressing
exhaust	exhausted	exhausting
fascinate	fascinated	fascinating
frighten	frightened	frightening

interest	interested	interesting
irritate	irritated	irritating
please	pleased	pleasing
satisfy	satisfied	satisfying
shock	shocked	shocking
surprise	surprised	surprising
thrill	thrilled	thrilling
tire	tired	tiring

7．自動詞と他動詞

　動詞には、動作の対象となる目的語をとらない**自動詞**（Intransitive Verb）と目的語をとる**他動詞**(Transitive Verb) があり、辞書には自動詞が **vi.** で他動詞が **vt.** と略記されている。自動詞は目的語がなくても主語と動詞だけで意味をなすが、他動詞は他に助けが必要で、他の語、つまり目的語があって初めて意味をなす。大部分の動詞は、自動詞と他動詞のいずれにも用いられる。また、補語をとらないものを**完全動詞**、補語をとるものを**不完全動詞**という。

(完全自動詞)　　His speech will <u>begin</u> in a minute.　　　＊目的語も補語も取らない
　　　　　　　　（彼の演説が間もなく<u>始まる</u>だろう。）

(完全他動詞)　　He will <u>begin</u> <u>his speech</u> in a minute.　　＊目的語はとるが補語は取らない
　　　　　　　　　　　　　　　 目的語
　　　　　　　　（彼は演説を間もなく<u>始める</u>だろう。）

(不完全自動詞)　She <u>remained</u> <u>quiet</u>.　　　　　　　　＊目的語はとらないが(主格)補語を必要とする
　　　　　　　　　　　　　　　(主格)補語
　　　　　　　　（彼女は静かにしていた。）

(不完全他動詞)　I　<u>saw</u>　<u>her</u>　<u>crying</u>.　　　　　　　＊目的語も(目的格)補語も必要とする
　　　　　　　　　　　　目的語　(目的格)補語
　　　　　　　　（私は彼女が泣いているのを見た。）

第 10 章　動詞

8．状態動詞と動作動詞

動詞は、状態を表わす動詞を**状態動詞**（**Stative Verb**）、動作を表す動詞を**動作動詞**（**Dynamic Verb**）と言い、文法的な扱いが異なる。

(1) 状態動詞
　意味の性質上、動作が継続する「進行形」は原則として作れない。例外的に、一時的な状態やその進行を強調する時に進行形が作られることがある。

　① 一般的な状態を表す（〜である、〜している）

　　　We **belong** to the English club.
　　　（私達は英語部に所属している。）

　　　*She **is** very kind and honest.
　　　（彼女はとても親切で正直である。）

　　＊人間の性質を述べているが、性質は一時的なものではなく、長期的なものであるので、状態動詞で表現する。

be	belong	concern	consist	contain	depend	differ
exist	fit	have	include	involve	keep	
lack	matter	own	possess	resemble	weigh	

　② 心理作用を表す（〜している）(mental states)

　　　I **believe** that he will work hard to pass the exam.
　　　（私は彼がその試験に合格するために一生懸命勉強すると信じ**ている**。）

　　　I **think** that he will work hard to pass the exam.
　　　（私は彼がその試験に合格するために一生懸命勉強すると思っ**ている**。）

believe	forget	know	remember	think	understand

③ 感情を表す　（emotional states）

> She <u>loves</u> her dog given as a birthday present.
> （彼女はお誕生日プレゼントに贈られた犬が大好きだ。）
>
> They <u>like</u> to watch baseball games.
> （彼等は野球の試合を観戦するのが好きだ。）
>
> He <u>doesn't like</u> to listen to classical music.
> （彼はクラシック音楽を聴くのが好きではない。）

| dislike | hate | like | love | prefer | want | wish |

(2) 動作動詞

「～する」という動作を表し、「～しているところです」という意味の進行形を作ることができる。

> They are <u>do</u>ing their homework together.
> （彼等は一緒に宿題をしているところです。）
>
> She is <u>talk</u>ing on the phone now.
> （彼女は今電話で話しているところです。）

(3) 状態動詞で動作動詞

同じ1つの単語が、その表す意味によって扱いが異なる。

> I <u>have</u> a brother and two sisters.　　　　　　　（状態動詞）
> （私には兄が一人と姉が二人いる。）
>
> We are <u>hav</u>ing (= eating) dinner now.　　　　　（動作動詞）
> （私達は今夕食を食べているところです。）
>
> She is <u>hav</u>ing (= enjoying) a wonderful time with her host family.（動作動詞）
> （彼女はホストファミリーと楽しい時間を過ごしています。）

Can you <u>see</u> your children dancing over there?　　　（状態動詞）
（あそこであなたのお子さん達が踊っているのが見えますか？）

It's been nice <u>seeing</u> (= meeting) you.　　　（動作動詞）
（お会いできてよかったです。）

I <u>heard</u> a dog barking outside the house last night.　　　（状態動詞）
（昨晩家の外で犬が吠えているのが聞こえた。）

He was <u>hearing</u> (= listening to) her complaint.　　　（動作動詞）
（彼は彼女の不満を聞いているところだった。）

＊自分の意志に関係なく見えたり聞こえたりする状態を表すのが「状態動詞」で、見るつもりがなくても「見える」という意味の see や聞くつもりがなくても「聞こえてくる」という意味の hear などがあるが、これらの状態動詞は、自分の意志で動作を行う「動作動詞」としても時には使われる。通常は、見る意志があって見るのは look at、会う意志があって会うのが meet で、聞く意志があって聞くのを listen to で表現する。

The rose <u>smells</u> good.　　　（状態動詞）
（そのバラはよい香りがする。）

She is <u>smelling</u> at the rose.　　　（動作動詞）
（彼女はそのバラの香りをかいでいるところです。）

We are *<u>thinking</u> of visiting our friends in England.　　　（動作動詞）
（私達はイギリスの友人を訪ねることを考えている。）

＊「意図的に考える」という計画性があれば、進行形を作ることができる。

9．進行形

　進行形は、ある時またはある期間に行われている動作の継続を表すもので「be 動詞の変化形＋現在分詞」という形をとる。したがって、「〜している」という意味をもともと持っている「状態動詞」は、原則として進行形にはならない。

第 10 章　動詞

(1) 現在進行形　　　　　　(am, is, are) + 現在分詞

① 現に進行中の動作、「〜している」という意味を表す。

　　　They **are mending** the roof.
　　　（彼等は屋根を修理している。）

　　　She **is painting** the door blue.
　　　（彼女はドアを青く塗っているところです。）

　　　He**'s *thinking** about the summer holiday.
　　　（彼は今夏の休暇について考えています。）

　＊think が plan「計画する」に近い意味を持っているために進行形が作れるが、「〜だと思う」の意味では進行形は作れない。

　　　c.f.　I **think** that it is a wonderful idea.
　　　　　（私はそれがすばらしい考えだと思う。）

② 反復的行為
　　　たびたび繰り返される現在の動作に対して、**always, all the time, constantly** などの頻度を表す副詞と共に用いられて、「〜ばかりしている」の意味になり、話し手の非難・迷惑・軽蔑などの気持ちを表す。

　　　You **are always coming** late.
　　　（あなたはいつも来るのが遅い。）

　　　The dog **is always barking**.
　　　（その犬はいつも吠えている。）

　　　He **is playing** a lot of golf these days.
　　　（彼は最近よくゴルフをしている。）

③ 近い未来の予定

未来を示す副詞(句)を伴って、準備ができていることや確定的な予定を表す場合に用いられる。

They **are moving** into the new house <u>next week</u>.
　　　　　　　　　　　　　　　　　　　　 副詞句
(彼等は来週新居に移ります。)

I'**m meeting** him again <u>tomorrow</u>.
　　　　　　　　　　　 副詞
(私は明日また彼に会う予定です。)

④ 現在における動作の開始

「～しようとしている、～しかけている」という意味を表す。

The sun **is setting**.
(太陽が沈みかけている。)

| begin　break　die　end　open　rise　shut | などが用いられる。

(2) 過去進行形

過去のある時点でまだ終了していない、進行中の状態・動作を表す。基本的にはbe動詞を過去形にすることによって、現在進行形を過去にした形である。

① 過去に進行中の状態・動作　　(was, were) + 現在分詞

It **was snowing** heavily all day yesterday.
(昨日は一日中雪がひどく降っていた。)

② 過去における反復的行為　　「～ばかりしていた」

You **were** always **leaving** the door open.
(あなたはいつもドアを開け放しにしていた。)

My old car **was** always **breaking** down.
(私の古い車はいつも故障していた。)

③ 過去における動作の開始　　「～しようとしていた、～しかけていた」

I **was buying** a car but I didn't have enough money.
(私は車を買おうとしたが、十分なお金がなかった。)

(3) 未来進行形

> will(shall)　be　+　現在分詞

① 未来における進行中の動作
「～しているだろう」という意味を表す。

This time next week, we'**ll be listening** to Mariah Carey at her concert.
(来週の今頃、私達はマライア・キャリーのコンサートで彼女の歌声を聴いているだろう。)

② 未来における動作の開始
「～しようとしているだろう、～しかけているだろう」という意味を表す。

The game **will be starting** when we get to the stadium.
(私達がスタジアムに着くころには、その試合は始りかけているだろう。)

③ 未来の計画的行動
「～することになっている」という意味を表す。

They **will be seeing** that film on Saturday.
(彼等は土曜日にその映画を見ることになっている。)

＊（現在・過去・未来）完了進行形に関しては、第17章「完了形」(P.190～191)を参照！

第11章　接続詞（Conjunction）

　接続詞は、文中の語と語、句と句、節と節とを結びつける働きをする。その働き方によって、文法上対等の関係にあるものを結びつける「等位接続詞」と、節と節を主節と従属節で結ぶ「従属接続詞」に分類される。

1．等位接続詞（Co-ordinate Conjunction）

| and | but | for | so | or | nor | yet |

(1)　語 ＋ 等位接続詞 ＋ 語

　語と語は文法的に同じ働きをするもの、つまり同じ品詞である。

　　She loves <u>apples</u> **and** <u>oranges</u>.　　　（彼女はりんごとオレンジが大好きだ。）
　　　　　　名詞　＋　名詞

　　They are <u>poor</u> **but** <u>happy</u>.　　　（彼等は貧しいが幸福だ。）
　　　　　　形容詞 ＋ 形容詞

　　He walked <u>slowly</u> **and** <u>carefully</u>.　　　（彼はゆっくりとそして注意深く歩いた。）
　　　　　　　副詞　＋　副詞

　　We <u>sang</u> **and** <u>danced</u> at the party.　　　（私達はパーティで歌って踊った。）
　　　　動詞　＋　動詞

(2)　句 ＋ 等位接続詞 ＋ 句

　句と句は文法的に同じ働きをするものである。

　　Do you go to school <u>by bus</u> **or** <u>by train</u>?
　　　　　　　　　　　　　句　＋　句
　　（あなたは学校までバスで行くのですか、それとも電車で行くのですか?）

第 11 章　接続詞

(3)　　節 ＋ 等位接続詞 ＋ 節

I am very fond of music **and** Mozart is my favorite composer.
　　　　節　　　　　　　　　　　　　　節
（私は音楽が大好きだ。そしてモーツアルトが私のお気に入りの作曲家だ。）

We got up early, **so** we were able to catch the 7:30 train.
　　　節　　　　　　　　　　　節
（私達は早く起きた。それで7時30分の電車に乗ることができた。）

I can't call him yet, **for** he never gets to the office before nine o'clock.
　　　節　　　　　　　　　　　　　節
（まだ彼に電話できない。というのは、彼は9時前には決して出社していない。）

He is going to England this summer, **but** he will only be staying for two weeks.
　　　　節　　　　　　　　　　　　　　　節
（彼は今年の夏にイギリスに行く予定だ。しかし、2週間滞在するだけだろう。）

＊等位接続詞 and は頻繁に使われ、A and B や A, B and C のような形で典型的な並列構造を作るので、and が何と何をつなげているのかが分かれば、複雑そうに見える文でも容易に文構造を分析することができ、読み解くことができる。A and B の B や A, B and C の C にあたる部分が and の直後に置かれることに着眼すれば、同じ形で並列的に結ばれている他の部分を見つけることが容易になる。

(4) 重要構文
　① 命令文＋and...（＝If you 〜 , ...）　　（〜せよ、そうすれば...）
　　 命令文＋or...　（＝Unless you 〜 , ...）　（〜せよ、さもなければ...）

Work hard, and you will pass the exam.
（一生懸命勉強しなさい。そうすれば試験に受かるでしょう。）

Work hard, or you won't pass the exam.
（一生懸命勉強しなさい。さもなければ試験に受からないでしょう。）

第 11 章　接続詞

② **both** A **and** B　　（A も B も両方）

Bill can **both** <u>swim</u> **and** <u>ski</u>.
　　　　　　　　A　　　　B
（ビルは泳ぎもスキーもできる。）

Both <u>Jim</u> **and** <u>Sam</u> will attend the meeting.
　　　A　　　　B
（ジムもサムも両方ともその会議に出席するでしょう。）

③ **not** A **but** B　　（A でなくて B）

She likes **not** <u>Tom</u> **but** <u>Stephen</u>.
　　　　　　　　A　　　　B
（彼女が好きなのはトムではなくてステファンだ。）

④ **not only** A **but (also)** B　　（A だけでなく B も）

She can speak **not only** <u>English</u> **but also** <u>French</u>.
　　　　　　　　　　　　A　　　　　　　　B
（彼女は英語だけでなくフランス語も話すことができる。）

Not only <u>I</u> **but also** <u>my family</u> caught a cold last week.
　　　　　　A　　　　　　B
（私だけでなく私の家族も先週風邪をひいた。）

⑤ **either** A **or** B　　（A か B かどちらか）
　　neither A **nor** B　　（A も B もどちらも～でない）

She will **either** <u>go to France to study</u> **or** <u>remain another year in Japan</u>.
　　　　　　　　　　A　　　　　　　　　　　　　　B
（彼女はフランスに勉強に行くかもう 1 年日本に残るかのどちらかでしょう。）

She will **neither** go to France to study **nor** remain another year in Japan.
　　　　　　　　　　　Ａ　　　　　　　　　　　　Ｂ
（彼女はフランスに勉強に行くこともももう１年日本に残ることもしないでしょう。）

２．従属接続詞（Subordinate Conjunction）

　　主節　＋　従属接続詞　＋　従属節（または従属接続詞　＋　従属節　＋　主節）

(1) 名詞節を導く場合
　　名詞節を導く従属接続詞は、**that**、**if**、**whether** である。

① 主語

　　Whether they will win the game　is　doubtful.
　　　　　　　　Ｓ　　　　　　　　　　Ｖ　　Ｃ
　　（彼等がその試合に勝つかどうかは疑わしい。）

② 目的語

　　I　don't know　**if** he will come by bus or car.
　　Ｓ　　Ｖ　　　　　　　　Ｏ
　　（彼がバスで来るのか車で来るのかを私は知らない。）

　　She　says　**that** she doesn't want to go there.
　　Ｓ　　Ｖ　　　　　　　Ｏ
　　（彼女はそこに行きたくないと言っている。）

③ 補語

　　The fact　is　**that** many people are against the war.
　　　Ｓ　　　Ｖ　　　　　　Ｃ
　　（事実は多くの人々がその戦争に反対しているということだ。）

(2) 副詞節を導く場合

副詞節を導く主な従属接続詞は以下である。

after	although	as	because	before	if	once	since
though	till	unless	until	when	whenever	whether
while	as soon as	by the time	in case	so that		

① 時

<u>While</u> Stella was cooking dinner, her children were watching TV.
（ステラが夕食を作っている<u>間に</u>、子供達はテレビを見ていた。）

He will join us <u>when</u> he finishes his work.
（彼は仕事を終え<u>たら</u>私達に加わるだろう。）

I will give you my new address <u>before</u> I leave for London.
（私はロンドンへ出発する<u>前に</u>私の新しい住所をあなたに渡すつもりです。）

<u>As soon as</u> he arrived at the airport, he received a telephone call from his office.
（空港に到着<u>するやいなや</u>彼は会社からの電話を受け取った。）

② 理由

He'll have to take his examination again next week <u>because</u> he failed it last week.
（彼は先週試験に落ちた<u>ために</u>来週再び試験を受けなければならないでしょう。）

Jim is moving there <u>as</u> he has been offered a better job in Brighton.
（ジムはブライトンで今より良い仕事を提供された<u>ので</u>そこへ引っ越す予定です。）

I can't call her now <u>since</u> it is already 10 p.m.
（もうすでに午後 10 時<u>なので</u>彼女に電話はできない。）

③ 目的

Bill has lent us his CDs <u>so that</u> we can use them for the party.
（ビルは私達がパーティで使える<u>ように</u> CD を貸してくれた。）

④ 条件

If they have time, they will come.
(もし彼等に時間があるのなら、彼等は来るでしょう。)

Take your umbrella in case it rains.
(雨が降るといけないから、傘を持って行きなさい。)

⑤ 譲歩

Although (=though) he did his best, he was not elected as chairman.
(彼は最善をつくしたけれども、議長には選ばれなかった。)

(3) 重要構文

① 名詞＋that 節

We know the fact that Paul and Mary have just divorced.
　S　V　　　　　　O
(ポールとメアリーが離婚したばかりだという事実を私達は知っている。)

② so ＋ 形容詞(または副詞) ＋ that ...
　　such ＋ 名詞 ＋ that ...　　(非常に～なので...「結果」、...するほど～「程度」)

The train was so crowded that I could not get a seat.
(その電車は非常に込んでいたので座れなかった。)

It was such a crowded train that I could not get a seat.
(それは非常に込んでいた電車だったので座れなかった。)

③ ..., so that ～　　(... 、その結果 ～)

He studied hard, so that he could pass the examination.
(彼は一生懸命勉強をした。その結果その試験に受かることができた。)

第 11 章　接続詞

④ **as soon as** (または **the moment, the instant, directly**) ＋ S ＋ V
　（S が〜したとたんに、〜するやいなや）

　　As soon as he arrived at the airport, he called his wife.
　　（彼は空港に到着<u>するやいなや</u>、妻に電話をかけた。）

　　<u>The moment</u> I saw her, I knew she was your sister.
　　（彼女を見た<u>瞬間に</u>、あなたの妹だとわかった。）

⑤ **whether　A　or　B**
　（A か B か）「名詞節」、（A であろうと B であろうと）「譲歩の副詞節」

　　We don't know **whether** it is true **or** not.　　　　　　　「名詞節」
　　（私達はそれが真実である<u>かどうか</u>わからない。）

　　<u>Whether</u> it rains <u>or</u> not, we'll go out tomorrow.　　　　「譲歩の副詞節」
　　（雨が降<u>ろうと降るまいと</u>、私達は明日外出するでしょう。）

⑥ S ＋ **had no sooner** ＋ 過去分詞〜 ＋ **than** …
　 S ＋ **had hardly** (または **scarcely**) ＋ 過去分詞〜 ＋ **when** (または **before**) …
　（S が〜するかしないうちに…）

　　The kid **had no sooner** crossed the street **than** the signal turned red.
　　（その子供が通りを横断<u>するかしないうちに</u>信号が赤に変わった。）

　　They **had hardly** got on the train **when** it started.
　　（彼等が電車に乗った<u>とたんに</u>、発車した。）

⑦ **not 〜 until** (または **till**) …
　 It is not until (または **till**) … **that 〜**　　　　（…してはじめて〜だ）

　　<u>It is **not until**</u> we lose health <u>that</u> we know the value of health.
　　（私達は健康を失<u>って初めて</u>その価値を知る。）

第 11 章　接続詞

⑧ as (または so) long as, as (または so) far as ＋ S ＋ V　　（S が〜する限り）

She is a wonderful person { as long as / so long as / as far as / so far as } I know.

（私が知る限りでは、彼女はすばらしい人だ。）

⑨ even if または even though ＋ S ＋ V　　（たとえ S が〜しても）

You had better do it **even if** you don't like it.
（**たとえ**あなたが嫌い**でも**、あなたはそれをした方がいい。）

第 12 章　助動詞（Auxiliary Verb）

　助動詞は、文字通り動詞を助ける詞で、動詞に伴ってさまざまな意味を付け加えて、疑問、否定、時制、態などを表す。主語の人称や単数・複数形に関係なく、語形は変わらない。否定文の場合には、助動詞の後に not をおき、疑問文の場合には助動詞を主語の前に出す。現在形と過去形の2つしかないが、過去形の場合でも必ずしも過去の意味を表すとは限らない。

1．be

　be 動詞は、同形の語が本動詞としても用いられるが、助動詞としてはそれぞれの文の中で本動詞を助けて、疑問や否定の形を作ったり、時制や態などを表す働きをする。

(1) 進行形　　　be ＋ 現在分詞

　　He **is** studying English now.
　　（彼は今英語を勉強している。）

　　He **isn't** studying English now.
　　（彼は今英語を勉強していない。）

　　Is he studying English now?　　Yes, he **is**. / No, he **isn't**.
　　（彼は今英語を勉強していますか。ええ、そうです。いいえ、違います。）

(2) 受動態　　　be ＋ 過去分詞

　　She **is** loved by everybody.
　　（彼女はみんなに愛されている。）

　　She **was** loved by everybody.
　　（彼女はみんなに愛されていた。）

Was she loved by everybody?　　　Yes, she **was**. / No, she **wasn't**.
（彼女は皆に愛されていましたか。ええ、そうでした。いいえ、違いました。）

(3) 不定詞　　　be ＋ to 動詞の原形
　　　＊不定詞が be 動詞の補語になる

① 予定　　　　　（～する予定である、～することになっている）

The next meeting **is to be held** next Monday.
（次回の会合は来週の月曜日に開かれる予定だ。）

② 可能　　　　　（～できる）　　　　　　　＊否定形で使われる。

Not a cloud **is to be seen** in the sky.
（空には雲ひとつ見えない。）

③ 命令・義務　　（～すべきである、～しなければならない）

You **are to be** silent.
（黙るべきである。）

④ 意図　　　　　（～するつもりである）　　＊条件を表す if 節で使われる。

If you **are to succeed** in business, you should work hard..
（ビジネスで成功するつもりならば、一生懸命働くべきだ。）

⑤ 運命　　　　　（～する運命である）

He **was** never to see them again.
（彼は彼等と二度と会えない運命にあった。）

2. have

　助動詞としての have は、助動詞 be と同様に同形の語が本動詞としても用いられるが、それぞれの文の中で本動詞を助けて、疑問や否定の形を作り、時制や態などを表す。

(1) 完了形　　　have（had）＋ 過去分詞

　　He **has** been in Aomori for a year.
　　（彼は1年間ずっと青森にいる。）

　　We **have**n't finished our homework yet.
　　（私達はまだ宿題を終えていない。）

　　I **had** been to Kyoto before I left for England.　　　(P.187「過去完了形」参照)
　　（私はイギリスへ立つ前に京都に行ったことがあった。）

(2) 必要・義務　　　have ＋ to 動詞の原形

　　「～しなければならない」の意味になる。

　　You **have** to study English.
　　（あなたは英語を勉強しなければならない。）

　　You **had** to study English.
　　（あなたは英語を勉強しなければならなかった。）

　　＊ "have to ～" の場合には「～しなければならない」という意味の必要・義務を単に表しているだけなので実際にするかどうかは不明であるが、"**had to** ～"には「～しなければならなかったので、実際にした」というニュアンスが含まれている。

3. do

　助動詞としての do は、助動詞 be や have と同様に同形の語が本動詞としても用いられるが、それぞれの文の中で本動詞を助けて疑問や否定の形を作り、時制や態などを表す働き

第 12 章　助動詞

をする。主語が 3 人称単数で現在形の場合には、do は does になる。過去形は人称や単数・複数形に関係なく did である。

(1) 否定文　　　　　　　　　　　not を伴って「〜でない」の意味を表す。

  I **don't** play tennis.
  （私はテニスをしない。）

  She **doesn't** play tennis.
  （彼女はテニスをしない。）

  She **didn't** play tennis.
  （彼女はテニスをしなかった。）

(2) 疑問文

  Do you play tennis?　　　　　　　　Yes, I **do**.　/　No, I **don't**.
  （あなたはテニスをしますか？）　　　　（はい、します。いいえ、しません。）

  Does he play tennis?　　　　　　　Yes, he **does**.　/　No, he **doesn't**.
  （彼はテニスをしますか？）　　　　　　（はい、します。いいえ、しません。）

(3) 強調　　　　| do, does, did ＋ 動詞の原形 |

  ＊助動詞 do, does, did は強めに発音される。

  Do be quiet!
  （本当に静かにしなさい。）

  The earth **does** move.
  （それでも地球は回っている。）

  She **did** come at last.
  （彼女がやっと来た。）

> **＊代動詞 do**　　　　　　　　前に一度出た動詞の代わりに使われる。
>
> You didn't clean your room.　　<u>Do</u> (= Clean) it right now.
> （あなたは部屋を掃除しなかったわね。今すぐしなさい。）
>
> Who broke the window?　　Tom <u>did</u> (= broke).
> （誰がその窓をこわしたの？　トムです。）

4．助動詞 can, could

can の過去形は **could** または **was/were able to** で表し、未来形は **will be able to** で表す。

(1) 可能・能力（～できる）

　　She <u>can</u> dance very well.
　　（彼女はとても上手に踊ることができる。）

　　She <u>could</u> dance very well.
　　（彼女はとても上手に踊ることができた。）

　　He <u>couldn't</u> understand a word I said.
　　（彼は私が言った一言も理解できなかった。）

　　Tom <u>will be able to</u> speak Japanese quite soon.
　　（トムはすぐに日本語を話せるようになるでしょう。）

(2) 許可（～してもよい）

　　<u>Can</u> I open the window?　　Yes, you <u>can</u>. / No, you <u>can't (=cannot)</u>.
　　（窓を開けてもよいですか？　ええ、いいですよ。いいえ、いけません。）

　＊Yes, you can.や No, you can't (=cannot).などの「許可を与える・与えない」という意味の直接的な答え方は、目上の人や上司などに対しては失礼な表現になる。

次のように間接的で丁寧な表現で答える方が無難である。

(Yes の場合)　　Yes, of course. / Yes, please (do). / Sure.
(No の場合)　　I'm sorry, but you can't. / I'm afraid, but you can't.

(3) 依頼（～してもらえますか）

Can you open the window?
（窓を開けてもらえますか？）

Could you open the window?
（窓を開けていただけますか？）

　　　　　　　　　　＊ could は can よりもやや丁寧で控え目な表現になる。

（答え方）
Sure. / Yes, certainly.　　　　（ええ、いいですよ。）

I'm sorry I **can't**.　　　　　（ごめんなさい、できません。）

(4) 可能性・推量（～できる、～でありうる）

We **can** see you tomorrow.
（明日私達はあなたにお会いできるでしょう。）

That **could** be Peter's car.
（あれはピーターの車でしょう。）

(5) 否定的推量（～であるはずがない）

She **can't** be his sister.
（彼女は彼の妹であるはずがない。）

5．助動詞 may, might

(1) 許可（～してもよい）

You **may** go now.　　　　　（あなたはもう行ってもよい。）

May I go now?　　　　　Yes, you **may**. / No, you **may not**.
（もう行ってもよいですか？　ええ、いいですよ。いいえ、いけません。）

＊Yes, you **may**. / No, you **may not**.などの答え方は相手に許可を与える表現なので、上司や親などの上の立場の者が、部下や子供などの下の立場の者に対して許可を与える場合などには使えるが、時には失礼な言い方にもなる。肯定する場合には"Sure."や"Yes, certainly."などと答えるのが無難であろう。否定の場合には、"Oh, I'm sorry, but ..."などのように婉曲的な表現を使うと良い。強い禁止を表したいときには、"**No, you must not.**"（いいえ、してはいけない）を使う。

Might I go now?
（もう行ってもよろしいでしょうか？）

＊Might I ～? の方が May I ～? よりもやや丁寧で控え目な表現になり、より遠慮した許可の求め方になる。

(2) 推量（～かもしれない）

It **may** rain tomorrow.
（明日雨が降るかもしれない。）

It **might** rain tomorrow.
（もしかしたら明日雨が降るかもしれない。）

＊might は仮定法にした形で、may よりもやや疑いの気持ちが強く可能性が薄いというニュアンスを含んではいるが、大体同じ意味である。

(3) 過去の推量 (～であったかもしれない)

$$\boxed{\text{may (might) have } + \text{ 過去分詞}}$$

It **may have rained** last night.
(昨晩雨が降ったのかもしれない。)

(4) 願望・祈願 (～でありますように)

$$\boxed{\text{May } + \text{ S } + \text{ V !}}$$

<u>May</u> you all be happy!　　　　　　(あなた方皆が幸福でありますように。)

＊感嘆文の中で使われると、$\boxed{\text{may＋主語＋動詞}}$の語順になる。この意味では、might は使えない。この祈願文は文語体の表現で、口語では "I hope you all will be happy." のように表現する。

(5) その他の用法
　　　may (= might) as well ～　　(～する方が良い)
　　　may (= might) well ～　　(～するのももっともだ)

You <u>may as well</u> write to her.
(彼女に手紙を書く方が良い。)

You <u>may well</u> be angry with her.
(彼女に怒るのももっともだ。)

6. 助動詞 must

(1) 必要・義務 (～しなければならない)
　① 現在形
　　　You <u>must</u> stop smoking.　　　　(あなたは禁煙しなければならない。)

第 12 章　助動詞

<u>Must</u> you stop smoking?　　　　　Yes, I must. / No, I don't have to.
（あなたは禁煙しなければならないですか？ええ、そうです。いいえ、違います。）

＊must は has/have to ～ や has/have got to ～ などに言い換えることができる。口語体では has/have got to がよく使われる表現である。また、has や have は主語と一緒になって、短縮形で使われることが多い。上記の例文はそれぞれ以下のように言い換えることができる。

You <u>have to</u> stop smoking.　　=　　You<u>'ve got to</u> stop smoking.
（あなたは禁煙しなければならない。）

{ Do you <u>have to</u> stop smoking?　　Yes, I do.　 /　No, I don't.
{ <u>Have</u> you <u>got to</u> stop smoking?　　Yes, I have.　/　No, I haven't.

（あなたは禁煙しなければならないですか？ええ、そうです。いいえ、違います。）

② 過去形
　　must には過去形がないので、過去形を表す場合には must と同じ意味の have to の過去形 had to を用いる。同じ意味でも、断言的に決めつける感じの must より have to の方が柔らかい印象を与える。

You <u>had to</u> stop smoking.
（あなたは禁煙しなければならなかった。）

③ 未来形
　　未来形には will have to を用いる。

You <u>will have to</u> stop smoking.
（あなたは禁煙しなければならないでしょう。）

④ 否定形

否定形を表す場合には、**must not**（〜してはいけない）が強い禁止を表すために **do not have to** 〜 や **need not** 〜（〜する必要がない）を用いる。

　　You <u>**do not have to**</u> (=**need not**) stop drinking alcohol.
　　（あなたは禁酒する必要はない。）

　　You <u>**did not have to**</u> stop drinking alcohol.
　　（あなたは禁酒する必要はなかった。）

(2) 肯定的推量（〜にちがいない）

話し手が確信している場合に用いる。推量・推定を表す助動詞としては、**must, will, may, might** の順に確信度が弱くなる。必要・義務を表す **must** と同じ意味を持つ **has/have got to** という表現は肯定的推量でも用いることができる。

　　You <u>**must**</u> be tired.　　＝　　You'<u>**ve got to**</u> be tired.
　　（あなたは疲れているに違いない。）

　　You <u>**must**</u> be joking.　　＝　　You'<u>**ve got to**</u> be kidding.
　　（あなたは冗談を言っているに違いない。）

7．助動詞 will, would

(1) 単純未来 will（〜でしょう）

話し手や主語の意志の入らない単なる未来を表す表現である。

　　He <u>**will**</u> be 20 years old next year.
　　（彼は来年 20 歳になるでしょう。）

(2) 意志（〜しようとする）

この意志は前から考えていたものではなくて、その場で生まれた意志である。

I **will** lend you this book.
（あなたにこの本を貸そう。）

He **would** not follow my advice.
（彼は私の忠告に従おうとはしなかった。）

(3) 習慣・習性（よく～する）　　　＊不規則な習慣や反復行為を表す。

She **will** often go shopping.
（彼女はよく買い物に行く。）

She **would** often go shopping when she lived there.
（彼女はそこに住んでいた頃、よく買い物にでかけたものだった。）

(4) 依頼（～してもらえませんか）

Will you open the window?
（窓を開けてもらえませんか？）

Would you open the window?
（窓を開けていただけませんか？）

＊Will you～？より Would you～？の方がやや丁寧な表現である。

(5) 慣用的な表現
　　　would like to＋動詞の原形　　　（～したい）
　　　would like＋O＋**to**＋動詞の原形　（Oに～してもらいたい）

I **would like to** sing a song.　　　（私は歌を 自分で 歌いたい。）

I **would like** you **to** sing a song.　（私は あなたに 歌を歌ってもらいたい。）
　　　＊you と sing a song が、意味上の主語・述語の関係である。

第 12 章　助動詞

8．助動詞 shall

意志（～しましょうか）　　　　　＊相手の意志を尋ねる疑問文で使う。

Shall I open the window?
（私が窓を開けましょうか？）

Shall we dance?　　　＝　　Let's (=Let us) dance!
（踊りましょうか？）

＊shall は、話し手の意志を表したり、法律・規則などの文書で使われて義務・命令を表すことがあるが、古風な表現なので今ではあまり使われない。

9．助動詞 should

(1) 義務・当然（～すべきだ、～するのが当然だ）

We **should** follow his advice.
（我々は彼の忠告に従うべきだ。）

Should we follow his advice?
（我々は彼の忠告に従うべきですか？）

You **should** take an umbrella with you in case it rains.
（雨が降るといけないから、傘を持っていくべきだ。）

You **shouldn't** put so much butter on your bread.
（そんなにたくさんのバターをパンにぬるべきじゃない。）

(2) 驚き・意外（どうして～なのか）　　　　　＊疑問詞と共に用いる。
相手の発言に対する反発や、発言を意外に思って驚いている気持ちを表す。

How **should** I be there?　I am here all day.
（どうして私がそこにいるはずがあるのか？今日はずっとここにいる。）

(3) 提案・主張

that 節の中で使われるが、主節が現在形でも過去形でも that 節の中の時制は変わらない。should は省略されることもある。

We proposed that we (**should**) hold a welcome party for them.
（私達は彼等のために歓迎会を開くことを提案した。）

He insists that he (**should**) be a professional singer.
（彼はプロの歌手になると言ってきかない。）

(4) その他

| It is ＋形容詞＋that 節 | の中で、感情的判断を表す形容詞と共に使われるが、省略されることもある。

It is strange that she (**should**) be like that.
（彼女がそんな風になるなんて不思議だ。）

It is important that we (**should**) understand a different culture.
（異文化を理解することは重要だ。）

10．助動詞 ought to

should とほぼ同じ意味で用いられる。

(1) 義務（～すべきである）

You **ought to** think more about your family.
（もっと家族のことを考えるべきだ。）

(2) 当然（～するはずである）

He **ought to** be here now if he left home at ten.
（彼は 10 時に家を出たなら、もうここに来ているはずだ。）

第 12 章　助動詞

11．助動詞 used to

短期間の不規則的な反復行為を表すのに用いられる would に対して、used to は過去の長期間に及ぶ状態や常習的行為を表すのに用いられる。疑問文や否定文は、一般動詞と同じ扱いで、助動詞 do を用いる。

(1) 過去の状態　（以前は～だった）

The river **used to** be clear.
（以前その川は澄んでいた。）

The river **didn't use to** be clear.
（以前その川は澄んでいませんでした。）

Did the river **use to** be clear?　　Yes, it did. / No, it didn't.
（以前その川は澄んでいましたか？はい、そうです。いいえ、違います。）

There **used to** be a big ball park around here.
（この辺にはかつては大きな野球場があった。）

(2) 過去の習慣的動作（以前はよく～したものだった）

He **used to** go swimming in the river.
（彼は以前よくその川に泳ぎに行ったものだった。）

He **didn't use to** go swimming in the river.
（彼は以前その川に泳ぎには行かなかった。）

Did he **use to** go swimming in the river?　　Yes, he did. / No, he didn't.
（彼は以前よくその川に泳ぎに行きましたか？ええ、そうです。いいえ、違います。）

＊be used to ～ing「～に慣れている」と混同しやすいので注意が必要である。この場合には、to は前置詞なので、直後には動詞の原形ではなくて動名詞、つまり名詞(句)が来る。

He is used to swimming in the river.
　　　　　　前置詞　　名詞句
（彼は川で泳ぐのに慣れている。）

Is he is used to swimming in the river?　　Yes, he is. / No, he isn't.
（彼は川で泳ぐのに慣れていますか？ええ、そうです。いいえ、違います。）

12．助動詞 need, dare

　助動詞としての need と dare は、疑問文と否定文だけに用いられる。need は動詞としても使われるので、その違いに注意する。

(1) need （〜する必要がある）

　　<u>Need</u> she work so hard?
　　（彼女はそんなに一生懸命働く必要があるのですか？）

　　You <u>needn't</u> work so hard.
　　（あなたはそんなに一生懸命働く必要はない。）

　　You <u>needn't</u> have worked so hard.
　　（あなたはそんなに一生懸命働く必要はなかった。）

　　＊過去の否定の場合には、 needn't ＋have ＋ 過去分詞 になることに注意！

(2) dare （思い切って〜する、〜する勇気がある）

　　How <u>dare</u> you do such a thing?
　　（よくもまあそんなことができるね。）

　　He <u>dare</u> not jump down from there.
　　（彼はそこから飛び降りる勇気はない。）

第13章　受動態（Passive Voice）

　目的語を必要とする他動詞を用いる文では、動作を行うものを主語にする場合と、動作を受けるものを主語にする場合とで、他動詞の語形が変化する。この語形変化を「態」と言い、能動態と受動態の2種類がある。受動態には、受け身の動作を表す「～される」という意味と、受け身の状態を表す「～されている」という2つの意味がある。

能動態（Active Voice）　　　　「SはOを～する」

受動態（Passive Voice）　　　「OはSによって～される、～されている」

be + 過去分詞

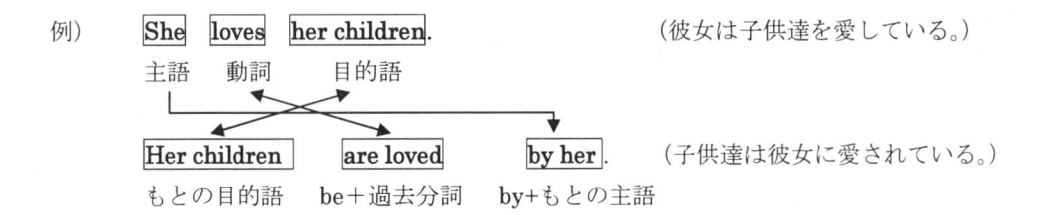

例）　She loves her children.　　　　（彼女は子供達を愛している。）
　　　主語　動詞　　目的語

　　　Her children　are loved　by her.　（子供達は彼女に愛されている。）
　　　もとの目的語　be＋過去分詞　by＋もとの主語

　＊動作主にはbyを用いるが、慣用句的に他の前置詞が来る場合がある。

(詳しくはP.151「7.注意すべき受動態(1)」参照)

1．受動態を作る文型

　受動態は、能動態の目的語を主語にして作るので、目的語のない第1文型(S＋V)や第2文型(S＋V＋C)の文は受動態を作ることはできない。

(1) 第3文型　(S＋V＋O)

　　We　respect　him.　　　⇒　　He is respected by us.
　　S　　V　　　O　　　　　　　　S　　V
　　（私たちは彼を尊敬している。）　　（彼は私たちに尊敬されている。）

第13章 受動態

(2) 第4文型　(S+V+O+O)

直接・間接を問わず、目的語が受動態の主語になる。

　　　He teaches us English.　　⇒　　We are taught English by him.
　　　S　V　　O　O　　　　　　　　　　S　V　　　　　O

　　　（彼は私たちに英語を教える。）　　（私たちは彼に英語を教えられる。）

　　　　　　　　　　　　　　　⇒　　English is taught us by him.
　　　　　　　　　　　　　　　　　　　S　　　V　　　O

　　　　　　　　　　　　　　　　　　（英語は彼によって私たちに教えられる。）

(3) 第5文型　(S+V+O+C)

　　　Everybody calls her Liz.　　⇒　　She is called Liz by everybody.
　　　S　　　　V　　O　C　　　　　　　S　V　　　C

　　　（皆は彼女をリズと呼んでいる。）　（彼女は皆にリズと呼ばれている。）

2．受動態の時制

　受動態の時制は、be動詞や助動詞の変化によって示されるが、実際に用いられるものは8種類である。

(1) 現在時制　　　　　am, is, are ＋ 過去分詞

　　　I am given a lot of homework by my teacher every day.
　　　（私は毎日先生にたくさんの宿題を与えられる。）

　　　She is loved by everybody.
　　　（彼女は誰からも愛されている。）

　　　They are written in German.
　　　（それらはドイツ語で書かれている。）

第 13 章　受動態

(2) 過去時制　　　　　was, were ＋ 過去分詞

　　Her diamond necklace **was stolen** by the thieves.
　　（彼女のダイヤモンドのネックレスが泥棒に盗まれた。）

　　I **was given** a lot of homework by my teacher.
　　（私は先生にたくさんの宿題を与えられた。）

　　They **were written** in German.
　　（それらはドイツ語で書かれていた。）

(3) 未来時制　　　　　will (shall) be ＋ 過去分詞

　　A new law **will be passed** by Parliament tomorrow.
　　（新しい法律が明日議会を通過するだろう。）

　　He **will be offered** a new job.
　　（彼は新しい仕事を提供されるだろう。）

　　The plan **will be approved** by them.
　　（その計画は彼らによって承認されるだろう。）

(4) 現在進行形　　　　am, is, are ＋ being ＋ 過去分詞

　　She **is telling** an interesting story to her children.
　　　S　　V　　　　O
　　（彼女は子供たちにある面白い話を語っているところです。）

⇒　Her children **are being told** an interesting story by her.
　　（子供たちは彼女によってある面白い話を語られているところです。）

⇒　An interesting story **is being told** her children by her.
　　（ある面白い話は彼女によって子供たちに語られているところです。）

第 13 章　受動態

(5) 過去進行形　　　　　was, were ＋ being ＋ 過去分詞

　　　She **was telling** an interesting story to her children.
　　　（彼女は子供たちにある面白い話を語っているところでした。）

⇒　　Her children **were being told** an interesting story by her.
　　　（子供たちは彼女によってある面白い話を語られているところでした。）

⇒　　An interesting story **was being told** her children by her.
　　　（ある面白い話は彼女によって子供たちに語られているところでした。）

(6) 現在完了時制　　　　have (has) been ＋ 過去分詞

　　　My window **has been broken** by somebody.　It needs to be mended.
　　　（窓が誰かに割られてしまっている。修理する必要がある。）

　　　A new shop **has just been opened** here.
　　　（新しいお店がここに丁度オープンした。）

(7) 過去完了時制　　　　had been ＋ 過去分詞

　　　I found that my window **had been broken** when I entered my room last night.
　　　（昨夜自分の部屋に入ったら窓が割られているのを発見した。）

(8) 未来完了時制　　　　will (shall) have been ＋ 過去分詞

　　　His television **will have been repaired** by Saturday.
　　　（彼のテレビは土曜日までに修理されているだろう。）

第 13 章　受動態

3．受動態の否定文

受動態の否定形は、受動態形の be 動詞の後に **not** をつけて作る。

　　He **is not (= isn't)** respected by us.
　　（彼は私たちに尊敬されていない。）

　　We **are not (= aren't)** taught English by him.
　　（私たちは彼に英語を教えられていない。）

　　English **is not (=isn't)** taught us by him.
　　（英語は彼によって私たちに教えられていない。）

　　She **is not (= isn't)** called Liz by everybody.
　　（彼女は皆にリズと呼ばれていない。）

　　Her diamond necklace **was not (=wasn't)** stolen by the thieves.
　　（彼女のダイヤモンドのネックレスは泥棒に盗まれなかった。）

　＊上記の文では、泥棒の被害にはあったが、ネックレスは無事であったという状況が読み取れる。

4．受動態の疑問文

受動態の疑問文は、疑問詞、助動詞、be 動詞のある文と同じ手順で作る。

(1)　一般疑問文
普通の be 動詞のある疑問文と同じように、be 動詞を文頭に持ってくる。

　① 現在形

　　Is he **respected** by you?　　　　　Yes, he **is**.　／　No, he **isn't**.
　　（彼はあなたに尊敬されていますか。ええ、そうです。いいえ、違います。）

第 13 章　受動態

  Are you **taught** English by him?　　　Yes, we **are**.　/　No, we **aren't**.
  (あなた達は彼によって英語を教えられていますか？　ええ、そうです。
  　いいえ、違います。)

  Is English **taught** you by him?　　　Yes, it **is**.　/　No, it **isn't**.
  (英語は彼によってあなた達に教えられていますか？　ええ、そうです。
  　いいえ、違います。)

  Is she **called** Liz by everybody?　　　Yes, she **is**.　/　No, she **isn't**.
  (彼女は皆にリズと呼ばれていますか？ええ、そうです。いいえ、違います。)

② 過去形

  Was her diamond necklace **stolen** by the thieves?　　Yes, it **was**. / No, it **wasn't**.
  (彼女のダイヤモンドのネックレスは泥棒に盗まれましたか？　ええ、そうでした。
  　いいえ、違いました。)

  Were you **taught** English by him?　　　Yes, we **were**.　/　No, we **weren't**.
  (あなた達は彼によって英語を教えられましたか？　ええ、そうでした。いいえ、
  　違いました。)

(2) 疑問詞を使う疑問文

 ① 疑問詞が主語の場合

  <u>Who</u> phoned <u>the doctor</u>?
  　S　　V　　O
  (誰が医者に電話をしたのですか？)

⇒　 *<u>Who(m)</u> was the doctor phoned **by**?　　　*口語体で使われる表現である。

  *<u>By who(m)</u> was the doctor phoned ?　　　*文語体で使われる表現である。

  *文頭に目的格がくる上記 2 文の場合には、それぞれ Whom か Who、By whom か By who のどちらでもよい。

第13章 受動態

② 疑問詞が補語の場合

What do you call this flower in your country?　　you は一般主語である
（あなたの国ではこの花を何と言いますか？）

⇒　**What** is this flower called in your country?　　by you が省略されている
（あなたの国ではこの花は何と言われていますか？）

③ 疑問詞が目的語の場合

Which has Peter chosen?
（ピーターはどちらを選んだのですか？）

⇒　**Which** has been chosen by Peter?
（どちらがピーターによって選ばれたのですか？）

5．助動詞がある文の受動態

> 助動詞＋be＋過去分詞

（能動態）David **can sing** that English song.
（ディビッドはその英語の歌を歌える。）

（受動態）That English song **can be sung** by David.
（その英語の歌はディビッドに歌われる。）

Should the police **be armed**?
（警察官は武装するべきですか？）

In our society many problems **can be caused** by violent behavior.
（私達の社会では暴力行為によって多くの問題が引き起こされる可能性がある。）

第 13 章　受動態

The work **must be completed** in a week.
（その仕事は 1 週間で仕上げられなければならない。）

The traffic regulations **ought to be obeyed** by more people.
（交通規則はもっと多くの人々に順守されるべきだ。）

6．一般主語のある受動態

　people, we, you, they などの一般主語のある能動態の文からできた受動態の文では、by people, by us, by you, by them などは省略されることが多い。

（能動態）They speak French in France.　　　　　　　they はフランス人全体を表す
　　　　　（フランスでは(人々は)フランス語を話します。）

（受動態）French **is spoken** in France.　　　　　　　by them は通常省略される
　　　　　（フランスではフランス語が話される。）

The shop **is opened** at 7 every morning and **closed** at 9 every night.
（そのお店は毎朝 7 時に開けられて、毎晩 9 時に閉められる。）

She **will be interviewed** in the TV special program.
（彼女はテレビの特別番組でインタビューを受けるでしょう。）

7．注意すべき受動態

(1)（動作主が by 以外の）慣用句的表現

　（能動態）English interests us very much.
　　　　　　（英語は大いに私達の興味を引く。）

⇒（受動態）We **are** very much **interested** <u>in</u> English.
　　　　　　（私達は英語にたいへん興味がある。）

第 13 章　受動態

　　（能動態）The news surprised me.
　　　　　　（そのニュースは私を驚かせた。）

⇒（受動態）I **was surprised** <u>at</u> the news.
　　　　　　（私はそのニュースに驚いた。）

　　（能動態）Everybody knows The Carpenters.
　　　　　　（誰もがカーペンターズを知っている。）

⇒（受動態）The Carpenters **is known** <u>to</u> everybody.
　　　　　　（カーペンターズはみんなに知られている。）

(2)（動作主ではなく手段を表す）慣用句的表現

　　（能動態）Snow covers the mountain.
　　　　　　（雪がその山を覆っている。）

⇒（受動態）The mountain **is covered** <u>with</u> snow.
　　　　　　（その山は雪で覆われている。）

　　　　　　Peter **is pleased** <u>with</u> his new car very much.
　　　　　　（ピーターは彼の新車をたいへん気に入っている。）

　　　　　　She will **be delighted** <u>at</u> your success.
　　　　　　（彼女はあなたの成功を喜ぶでしょう。）

　　　　　　I **was satisfied** <u>with</u> the last game.
　　　　　　（私は最後の試合に満足した。）

(3) 　have ＋ (代)名詞 ＋ 過去分詞　　　　「～してもらう、～される」

　過去分詞にあたる動作が、望ましいものであれば「～してもらう」で、望ましいものでなければ「～される」という意味になる。

I usually **have** **my hair** **cut** by my sister.
（私はだいたい姉に髪の毛をカットしてもらっている。）

He **had** his bicycle **stolen** yesterday.
（彼は昨日自転車を盗まれた。）

(4) 群動詞の受動態

群動詞は基本的な動詞に副詞や前置詞を組み合わせた動詞句であるが、一つの動詞と考える。

Everybody in his class **looks up to** him.　　*look up to ～ 「～を尊敬する」
（彼のクラスの皆が彼を尊敬している。）

⇒ He **is looked up to** by everybody in his class.
（彼はクラスの皆に尊敬されている。）

Her grandmother **brought up** five children.　　*bring up ～ 「～を育てる」
（彼女の祖母は5人の子供を育てた。）

⇒ Five children **were brought up** by her grandmother.
（5人の子供が彼女の祖母に育てられた。）

They **put off** the meeting until Friday.　　*put off ～ 「～を延期する」
（彼等は会議を金曜日まで延期した。）

⇒ The meeting **was put off** until Friday (by them).
（会議は金曜日まで延期された。）

(5) get / become ＋過去分詞

「be＋過去分詞」よりも「get/become＋過去分詞」の方が「～される」という受け身の動作の感じをやや強く表す。

第 13 章　受動態

The bad news **became known** soon.
（その悪いニュースはすぐに知られた。）

He **got bitten** by a snake in the jungle.
（彼はジャングルで蛇にかまれた。）

第 14 章　不定詞（Infinitive）

不定詞には、to の付いた不定詞と to の付かない原形不定詞の 2 種類がある。通常、不定詞というと、to の付いた不定詞のことを指すことが多い。

1．不定詞の用法

(1) 名詞的用法

to 不定詞が名詞の働きをして、主語・目的語・補語として用いられ、「〜すること」という意味になる。

① 主語

<u>To study</u> English <u>is</u> <u>very important</u>.
　　　S　　　　　V　　　C

（英語を勉強することはとても重要だ。）

<u>To see</u> <u>is</u> <u>to believe</u>.
　　S　　V　　C

（見ることは信じることだ。⇒百聞は一見にしかず。）

② 目的語

動詞の目的語となって、「〜することを」という意味になる。

<u>I</u> <u>want</u> <u>to visit</u> the British Museum in London.
S　V　　　　O

（私はロンドンにある大英博物館を訪れたいと思っている。）

<u>They</u> <u>have decided</u> <u>to open</u> a café in Paris.
　S　　　　V　　　　　O

（彼らはパリにカフェを開くことを決めた。）

<u>My teacher</u> <u>advised</u> <u>me</u> <u>to study</u> English.
　　S　　　　V　　O　　　O

（先生は私に英語を勉強するようにアドバイスをしてくれた。）

第14章　不定詞

＊不定詞だけを目的語にとる動詞、動名詞だけを目的語にとる動詞、不定詞と動名詞の両方を目的語にとる動詞がある。

（不定詞だけを目的語にとる動詞）

agree	ask	decide	desire	expect	hope	learn	manage
mean	offer	plan	pretend	promise	refuse	want	wish

（不定詞と動名詞の両方を目的語にとる動詞）

begin	continue	hate	like	love	start
forget	regret	remember	stop	try	

＊下段の語群は目的語が不定詞と動名詞では意味が異なることに注意！（P.165「動名詞」参照）

③ 疑問詞 ＋ to 不定詞　　　　　名詞句を作り、動詞の目的語になる。
　　e.g.　**what to do**（どうしたらよいか）　　**how to do**　（どうやったらよいか）
　　　　　when to do（いつしたらよいか）　　**where to go**（どこに行ったらよいか）

He is wondering **which** way **to go**.
（彼はどちらの道に行ったらよいかしらと思っている。）

④ 補語

<u>My hobby</u>　<u>is</u>　<u>**to collect** stamps</u>.
　　S　　　V　　　C
（私の趣味は切手収集です。）

(2) 形容詞的用法
　　to 不定詞が形容詞の働きをして名詞を修飾する。不定詞の直前が名詞の場合には、不定詞は形容詞的用法であることが多い。

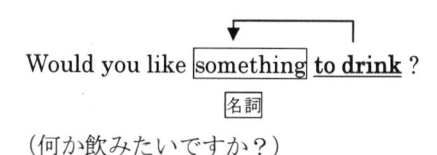

Would you like something **to drink**？
　　　　　　　　　　　　名詞
（何か飲みたいですか？）

第 14 章　不定詞

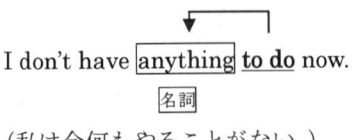

I don't have anything to do now.
　　　　　　　名詞
（私は今何もやることがない。）

(3) 副詞的用法

　　to 不定詞が副詞の働きをして、形容詞・副詞・動詞・文全体を修飾する。

① 目的（〜するために）

　　He went to Paris **to study art**.
　　（彼は芸術を勉強するためにパリに行った。）

　　They organized the exhibition **to raise** money for charity.
　　（彼らはチャリティのためのお金を集めるためにその展覧会を組織した。）

② 原因（〜して）

　　We are very glad **to hear** from you.
　　（あなたから連絡をもらってとても嬉しい。）

　　I'm sorry to *__have kept__ you waiting so long.
　　（そんなに長く待たせてすみません。）
　　＊現在完了形を使うことによって、「長く待たせた」時間と「現在申し訳なく思っている」時間のずれを明確に表現している。

③ 理由（〜するとは）

　　She must be careless **to lose** her wallet.
　　（お財布を失くすなんて彼女はそそっかしいに違いない。）

　　He was brave **to help** them in that situation.
　　（あの状況で彼等を助けるなんて彼は勇敢だった。）

④ 結果（～してその結果...）

He grew up **to be** a great musician.
（彼は成長して偉大な音楽家になった。）

⑤ 独立不定詞　　　　　　慣用表現で、文全体を修飾する。

to begin with	（第一に）
to be honest	（正直に言うと）
to tell you the truth	（本当のことを言うと）
to be frank with you	（率直に言うと）
to speak frankly	（率直に言うと）
to put it short	（手短に言うと）
needless to say	（言うまでもなく）
strange to say	（妙なことだが）

To tell you the truth, I'm not happy with my job.
（実を言うと、今の仕事に満足していない。）

2．不定詞を用いた構文

(1) | It is ＋（人の性質を表す）形容詞 ＋ of ＋ 意味上の主語 S' ＋ to ＋ 動詞の原形 |
　　（S'が～するのは...である）

　　It is very kind of you **to help me**.　＝　You are very kind to help me.
　　（あなたが私を助けてくれるのはとても親切だ。⇒ 助けてくれてありがとう。）

　　It was careless of John **to leave** his wallet at the restaurant.
　　（レストランにお財布を忘れるなんて、ジョンは不注意だった。）

＊不定詞を否定する場合には、to 不定詞の前に not を入れて否定の意味を表す。
　　It is smart of you **not to do it**.
　　（あなたがそうしないのは賢い。）

第 14 章　不定詞

★この構文でよく用いられる形容詞

| brave | clever | nice | rude | silly | stupid | wise |

(2) be 動詞＋to 不定詞

① 予定　　（～することになっている）

Her plane for London **is to take off** from Narita Airport at 11 a.m.
（彼女が乗るロンドン行の飛行機は成田空港を午前 11 時に離陸する予定だ。）

The international conference **is to be held** on June 30.
（その国際会議は 6 月 30 日に開催される予定だ。）

② 義務　　（～しなければならない）

You **are to clean** your room by noon.
（あなたは自分の部屋をお昼までに掃除しなければならない。）

③ 可能　　（～することができる）　　　　*受動態や否定文で使われることが多い。

Nothing **is to be done** any more.
（もうこれ以上何もできない。）

④ 意図　　（～するつもりである）　　　　*条件節の中で使われる。

If you **are to pass** the exam, you should work hard.
（その試験に受かるつもりであるなら、一生懸命勉強するべきだ。）

⑤ 運命　　（～する運命である）

They **were to lose** the game.
（彼等はその試合に負ける運命だった。）

第14章 不定詞

(3) **too ＋ 形容詞または副詞 ＋ to ＋ 動詞の原形**

（あまりにも〜なので、…できない）

This book is **too** difficult for me **to** understand.
（この本はあまりにも難しすぎて私には理解できない。）

＊この構文は **so 〜that** 構文に書き換えることができる。

This book is **so** difficult **that** I can't understand it.
（この本はとても難しいので私はそれを理解できない。）

＊that 以下は節なので、目的語（この場合には it）を忘れないように注意する。

(4) **形容詞または副詞 ＋ enough to ＋ 動詞の原形**

（非常に〜なので…する）

This book is easy **enough to** understand.
（この本は非常にやさしいので理解しやすい。）

(5) **in order to / so as to ＋ 動詞の原形**　　　（〜するために）

　　He worked very hard **in order to** pass the exam.

　　He worked very hard **so as to** pass the exam.

（彼はその試験に合格するために一生懸命に勉強した。）

　　He got up early **in order to** be in time for the first train.

　　He got up early **so as to** be in time for the first train.

（彼は始発電車に間に合うように早く起きた。）

第 14 章　不定詞

3．原形不定詞

$$\boxed{S ＋ V ＋ O ＋ 原形不定詞}$$

(1) 知覚動詞

$$\boxed{\text{hear　　listen to　　see　　watch　　look at　　feel　　notice}}$$

> We **heard** Michie **play** the piano at a charity concert.
> （私達は実稚江さんがチャリティ・コンサートでピアノを演奏するのを聞いた。）
>
> We **heard** Michie **playing** the piano at a charity concert.

　　上記の 2 文は日本語では同じ意味になるが、原形不定詞の場合には動作の一部始終を見たり聞いたりしたことを示し、現在分詞(〜ing)の場合には動作の一部または途中から見たり聞いたりしたことを示すというニュアンスの違いがある。

＊知覚動詞が受動態の文を作る際には、もとの文にはない**不定詞の to** が必要となる。

　　Michie **was heard to play** the piano at a charity concert by us.
　　（実稚江さんはチャリティ・コンサートでピアノを演奏するのを私達に聞かれた。）

(2) 使役動詞

　① make　　　　　　$\boxed{\text{make ＋ 目的語 ＋ 原形動詞}}$
　　強制的手段を表し、強制的に「... に 〜 させる」という意味になる。

　　He **made** me **clean** his room.
　　（彼は私に自分の部屋を掃除させた。）

　＊make が受動態の文を作る際には不定詞の **to** が必要となる。

　　I **was made to clean** his room by him.
　　（私は彼の部屋を掃除させられた。）

161

第 14 章　不定詞

② let　　　　　　　| let ＋目的語 ＋ 原形動詞 |

許可の使役で「... に ～ させてあげる」という意味を表す。

She **let** me <u>use</u> her new computer.
(彼女は私に新しいコンピューターを使わせてくれた。)

③ get　　　　　　　| get ＋目的語 ＋ to 不定詞 |

相手を説得して、「... に ～ させる」という意味になる。

She **got** her husband <u>to go</u> shopping with her.
(彼女は夫を買い物につきあわせた。)

She **got** her husband <u>to quit</u> smoking.
(彼女は夫に禁煙させた。)

＊2文とも get to ～を使うことによって、気の乗らないご主人が説得された様子が表現されている。

④ have　　　　　　　| have ＋目的語 ＋ 原形動詞 |

「... に ～ してもらう」という意味になる。

I **had** my hair <u>cut</u> yesterday.
(昨日私は髪の毛を切ってもらった。)

⑤ help　　　　　　　| help ＋目的語 ＋ (to)原形動詞 |

「... に ～ してもらう」という意味になる。　　　＊使役動詞に準ずる

This book **helped** me (to) <u>understand</u> more about the impressionists.
(この本は私が印象派についてより多くのことを理解する助けとなった。)

　　　　　　　　　　　　　　　　　＊to はつけてもつけなくともどちらでも良い。

第 15 章　動名詞（Gerund）

　動名詞は、現在分詞と同様に動詞の原形に‐ing をつけたものだが、名前が示すように名詞と動詞の性質をあわせ持っている。つまり、動名詞は名詞としての性質から主語・補語・目的語となり、動詞としての性質から補語や目的語をとったり、副詞(句)によって修飾されたりする。主として名詞の働きをするもので、「～すること」という意味である。

1．動名詞の形

	単純形	完了形
能動態	doing	having done
受動態	being done	having been done

2．動名詞の否定形

　否定を表す not や強い否定を表す never を動名詞の直前に置いて動名詞の否定形を表す。

$$\boxed{\text{not、never ＋ 動名詞}}$$

　　I'm so sorry for **not writing** to you before.
　　（今まであなたに便りを出さなくて本当にごめんなさい。）

　　He is proud of **never having fallen** ill so far.
　　（彼は今まで一度も病気になったことがないのを誇りに思っている。）

　　＊動名詞の否定形を現在完了形にすることによって、過去から現在に至るまで「病気になったことがない」という状態が継続している様子が表現される。

3．動名詞の性質

　動名詞は、名詞としての性質から文の主語・補語・目的語になり、動詞としての性質から補語・目的語をとり、形容詞としての性質から名詞を修飾し、「動名詞＋名詞」という複合語を作る。

第15章　動名詞

(1) 名詞的性質

① 主語

a) 文頭の主語

<u>Reading books</u>　is　very important for children.
　　　S　　　　　V　　　C

（本を読むことは子供達にとってとても重要である。）

b) 形式主語

形式主語 ────────── 真主語

<u>It</u> is no use **crying** over spilt milk.
S　V　　C

（こぼれたミルクを嘆いても無駄だ。⇒ 覆水盆に返らず）

＊"It is no use (good) 〜ing"は「〜しても無駄だ」という意味の慣用表現である。

② 補語

　　　　　　　動名詞
<u>My hobby</u> is **swimming**.
　　S　　　V　　　C

（私の趣味は泳ぐことです。）

　　　　　　現在分詞
<u>She</u>　is **swimming**　in the pool now.
　S　　　V

（彼女は今プールで泳いでいるところです。）

＊上記の２つの文では動詞 swim が同じ -ing 形をとるが、上の文では swimming は動名詞で be 動詞の補語であり、下の文では swimming は現在分詞で現在進行形の文を構成している。

第 15 章　動名詞

③ 目的語
a) 動詞の目的語

　　He stopped **smoking** recently.
　　 S 　V 　　 O
　　（彼は最近禁煙した。）

　　She began **crying** suddenly.　＝　She began **to cry** suddenly.
　　 S 　V 　　 O 　　　　　　　　　S 　V 　　 O
　　（彼女は突然泣き出した。）

＊目的語に名詞だけをとる動詞、不定詞だけをとる動詞、動名詞と不定詞の両方をとる動詞があることに注意する。上記の動名詞 crying と不定詞 to cry は、両方とも「泣くことを」という意味で、動詞 began の目的語である。つまり、動詞 begin（～を始める）は不定詞と動名詞の両方を目的語にとる動詞である。

　　　　　　　　　（動名詞だけを目的語にとる動詞）

admit	appreciate	avoid	consider	defer	delay	deny	dislike
dread	endure	enjoy	escape	finish	imagine	involve	lie
mention	mind	miss	object	postpone	practice	prevent	
quit	recall	recommend	regret	report	resist	suggest	

　　　　　　　　　　＊不定詞だけを目的語にとる動詞は、不定詞（P.156 不定詞を参照）

　　　　（動名詞と不定詞の両方を目的語にとり、意味も同じ動詞）

| begin | continue | hate | like | love | start |

　　　（動名詞と不定詞の両方を目的語にとるが、意味が異なる動詞）

| forget | regret | remember | stop | try |

＊文の前後関係から「時間のずれ」がはっきりしている場合には、完了形を用いずに "～ing" 形を用いることがある。動名詞を目的語にとる「～したのを忘れる」という意味を表す "**forget ～ing**" や「～したことを覚えている」という意味の "**remember ～ing**" などは、その表現自体に過去の出来事を表す意味が含まれているので、完了形を使う必要がない。また、"**forget to ～**" や "**remember to ～**" などは、これから行うことを表現する場合に用いられる。

第 15 章　動名詞

{ forget ～ing　　　（～したことを忘れる）
{ forget to ～　　　（～することを忘れる）

I'll never <u>forget</u> **spending** the summer vacation in Canada.
（カナダで夏休みを過ごしたことを決して忘れないでしょう。）

Please don't <u>forget</u> **to mail** this letter.
（この手紙を投函するのを忘れないで下さい。）

{ remember ～ing　　　（～したのを覚えている）
{ remember to ～　　　（忘れずに～する）

I <u>remember</u> **meeting** her at the party.
（そのパーティで彼女に会ったのを覚えている。）

I must <u>remember</u> **to give** the paper in to the teacher.
（忘れずに先生にレポートを提出しなければならない。）

{ regret ～ ing　　　（～したことを後悔する）
{ regret to ～　　　（残念ながら～する）

I <u>regretted</u> **having informed** him of the happening.
（私は彼にその出来事を知らせてしまったことを後悔した。）

I <u>regret</u> **to inform** you of the result.
（残念ながら私はあなたにその結果をお知らせします。）

{ try ～ing　　　（試しに～してみる）
{ try to ～　　　（～しようと努める）　　　＊努力を要する際に用いる

She <u>tried</u> **baking** bread.
（彼女は試しにパンを焼いてみた。）　　　＊実際にパンを焼いた。

She <u>tried</u> **to bake** bread.
（彼女はパンを焼こうとした。）　　　＊実際にパンを焼いたかどうかは不明。

＊stop 〜ing　　　（〜するのを止める）
　stop to 〜　　　（〜するために立ち止まる）

　　　　　　He <u>stopped</u> **smoking**.
　　　　　　（彼は禁煙した。）

　　　　　　He <u>stopped</u> **to smoke**.
　　　　　　（彼は煙草を吸うために立ち止まった。）

smoking は「煙草を吸うこと」の意味を表し、stopped の目的語の働きをする動名詞であるが、to smoke は「煙草を吸うために」の意味で stopped の目的語ではなく、「〜をするために」という意味を表す不定詞の副詞的用法である。

---

b) 前置詞の目的語
　　動名詞は前置詞の目的語になるという点で、不定詞とは異なる。

I am looking forward <u>to</u> **hearing** from you.
（あなたからのお便りを楽しみにしています。）

He is good <u>at</u> **skating**.
（彼はスケートが得意だ。）

She earns her living <u>by</u> **teaching** English to children.
（彼女は子供達に英語を教えて生計を立てている。）

(2) 動詞的性質
① 補語をとる
　　　　　　　　　補語
　　His aim <u>was</u> **being** promoted in his company.
　　　　S　　V　　　　C

（彼の目的は会社で昇進することであった。）
＊動名詞 being は補語 promoted をとり、動詞と補語の関係であるが、being 以下の動名詞句は文全体の補語の役割をしている。

　　　　　　　　　　　　補語
　She doesn't mind **being** alone at home.
　　S　　V　　　　　　O
（彼女は家に一人でいることを気にしない。）

＊動名詞 being は補語 alone をとり、動詞と補語の関係であるが、being 以下の動名詞句は文全体の目的語の役割をしている。

② 目的語をとる

　　　　　目的語
　Baking bread is a lot of fun!
　　　S　　　V　　C
（パンを焼くことはとても楽しい。）

＊動名詞 Baking は目的語 bread をとり、動詞と目的語の関係であるが、Baking 以下の動名詞句は文全体の主語の役割をしている。

(3) 形容詞的性質

　動名詞は名詞を修飾する形容詞として用いられて、「動名詞＋名詞」の形で複合語を作り、修飾する名詞の目的や用途を表す働きがある。同じ形で「現在分詞＋名詞」という複合語があり、修飾する名詞の動作・状態を表すが、2つの用法の違いには注意が必要である。

　「動名詞＋名詞」の場合にはアクセントが動名詞にあり、「現在分詞＋名詞」の場合にはアクセントは名詞にある。

（動名詞＋名詞）　　a **sleeping** car　　(=a car for sleeping)　　　寝台車

（現在分詞＋名詞）　a **sleeping** baby　(=a baby who is sleeping)　眠っている赤ちゃん

（動名詞＋名詞）　**a living** room　（=a room for living)　居間

（現在分詞＋名詞）　**a living** dog　（=a dog who is living)　生きている犬

★その他の複合語（動名詞＋名詞）
drinking water（飲料水）、a **sewing** machine（ミシン）、a **smoking** room（喫煙室）、
a **visiting** card（名刺）、a **waiting** room（待合室）、a **walking** stick（歩行用ステッキ）

4．動名詞の用法

(1) 動名詞の意味上の主語

　　動名詞の意味上の主語は、文に示す場合と示さない場合がある。文の主語と動名詞の意味上の主語が一致しない場合には、動名詞の意味上の主語を名詞あるいは代名詞の所有格か目的格で表す。

① 意味上の主語を示さない場合

a) 文の主語と意味上の主語が一致している場合

　　I like **collecting** English teapots.
　　（私はイギリス製のティーポットを集めるのが好きです。）

　　They enjoy **visiting** other countries every summer.
　　（彼らは毎年夏に海外を訪れることを楽しんでいる。）

　　He is proud of **being** a lawyer.
　　（彼は法律家であることを誇りに思っている。）

　　She is sure of **passing** the exam.
　　（彼女はその試験に合格することを確信している。）

b) 一般の人々が主語である場合

Looking after animals needs patience.
(動物の世話をするには忍耐が必要である。)

Never giving up your dreams is important.
(決して夢をあきらめないことは重要だ。)

c) 文の前後関係で意味上の主語がはっきりしている場合

Collecting English teapots is my hobby.
(イギリス製のティーポットを集めるのが私の趣味です。)

Saying is easy, but **doing** is difficult.
(言うことはやさしいが、行うことは難しい。)

② 意味上の主語を示す場合

a) 所有格で表す
動名詞が主語である場合や、形式的な表現で用いる。

<u>His</u> **collecting** too many snakes caused his family much trouble.
(彼があまりにも多くの蛇を収集したので、家族は大変困った。)

They insisted on <u>my father's</u> **becoming** a politician.
(彼等は私の父が政治家になるべきだと主張した。)

b) 目的格で表す
　　動名詞の意味上の主語が名詞である場合や、特に無生物名詞の場合に用いるが、口語では代名詞の場合にも目的語を用いることがある。

She is proud of <u>her son</u> **being** a lawyer.
(彼女は息子が法律家であることを誇りに思っている。)

He is sure of <u>his daughter</u> **passing** the exam.
(彼は娘がその試験に合格することを確信している。)

<u>The question</u> **being** difficult, we found the answer.
(その質問は難しかったけれども私達はその答えを見つけた。)

(2) 動名詞の完了形　　　　　having＋過去分詞

　　完了形の不定詞や分詞と同様に、主節の述語動詞の時制よりも前の時制を表す場合に用いる。

She is proud of **having passed** the exam.
(彼女はその試験に合格したことを誇りに思っている。)

He regrets **having wasted** his time during the university days.
(彼は大学時代に時間を無駄に使ってしまったことを後悔している。)

(3) 動名詞の受動態　　　　　being＋過去分詞

She likes **being praised** by her teacher.
(彼女は先生に褒められるのが好きだ。)

(4) 動名詞の完了形の受動態　　　having been＋過去分詞

We are glad of <u>having been</u> treated like a VIP couple at the restaurant.
（受動態／完了形）
(私達はそのレストランでVIPカップルのように扱われたことを喜んでいます。)

5．動名詞の慣用的表現

① cannot help ～ing　　　　　　　（～しないわけにはいかない）

第 15 章　動名詞

I **cannot help** feel**ing** sorry for her.
（彼女を可哀そうだと感じないわけにはいかない。）

＊口語的な表現であり、文語的には cannot but＋動詞の原形 を用いる。
　e.g.　I **cannot help but** feel sorry for her.

② It is no use (good) 〜ing　　　　　　　　（〜してもむだだ）

It is no use (good) try**ing** to persuade her.
（彼女を説得しようとしてもむだだ。）

＊反語的な表現で言い換えることもできる。
= **What is the use(good) of** try**ing** to persuade her?

③ There is no 〜ing　　　　　　　　　　　（〜することはできない）

There is no stopp**ing** the war between the two countries.
（その２ヵ国間の戦争を止めることはできない。）

＊不定詞を使った表現で言い換えることもできる。
= **It is impossible to** stop the war between the two countries.

④ feel like 〜ing　　　　　　　　　　　　（〜したい気がする）

I **feel like** sing**ing** a song.
（歌を歌いたい気持ちだ。）

⑤ be worth 〜ing　　　　　　　　　　　　（〜する価値がある）

The castle **is worth** visit**ing**.
（そのお城は訪れる価値がある。）

第15章 動名詞

⑥ on 〜ing　　　　　　　　　　　　　　（〜するやいなや）

On coming back home, he played a game.
（帰宅するやいなや、彼はゲームをした。）

⑦ mind 〜ing　　　　　　　　　　　　　（〜することを気にかける）

I don't mind waiting here.
（ここで待つのは一向に構わない。）

⑧ keep (prevent) ... from 〜ing　　　　　（... が 〜するのを妨げる）

The bad weather prevented us from swimming in the sea.
（悪天候のせいで私たちは海で泳げなかった。）

⑨ be used to 〜ing　　　　　　　　　　（〜するのに慣れている）
　　　　　　　　　　　　　　　　　　　＊to が前置詞であることに注意する。

I am used to driving on the right.
（私は右側運転に慣れている。）

= I am accustomed to driving on the right.

⑩ It goes without saying that 〜　　　　（〜は言うまでもない）

It goes without saying that good health is the most important in the world.
（世の中で健康が一番大事なのは言うまでもない。）

⑪ be far from 〜ing　　　　　　　　　　（決して〜ではない）

That assignment is far from being easy.
（その課題は決して容易ではない。）

第15章　動名詞

⑫ What do you say to (How about / What about) 〜ing?　（〜するのはどうだい？）

 What do you say to going to a chamber music concert?
 （室内楽コンサートに行くのはどうですか？）

=**How about** going to a chamber music concert?

=**What about** going to a chamber music concert?

⑬ look forward to 〜ing＝be looking forward to 〜ing　（〜するのを楽しみにしている）

 We **look forward to** seeing you again.
 （またお目にかかれることを楽しみにしています。）

 =We **are looking forward to** seeing you again

第16章　比較（Comparison）

　比較は、形容詞や副詞が表す性質などが、他のものと比べてどうかを表現する方法で、原級・比較級・最上級がある。比較級・最上級では、形容詞や副詞の原級が語尾変化するので、その比較変化の規則を覚える必要がある。

原級　（Positive Degree）　　　形容詞・副詞のもとの形

比較級（Comparative Degree）　２つのものを比べて、どちらの程度がより高いかを表す形

最上級（Superlative Degree）　３つ以上のものを比べて、最も程度が高いことを表す形

１．原級の用法

　原級は、本来は他のものと比較するものではないが、比較を表すこともでき、人や物の性質や数量などの程度を表すこともある。

(1) as＋原級＋as ～　　　　　　（～と同じくらい…だ）

　　Tom is **as tall as** Bill.
　　　　　　　形容詞
　　（トムはビルと同じくらい背が高い。）

　　Susie can run **as fast as** her sister.
　　　　　　　　　副詞
　　（スージーは姉と同じくらい速く走れる。）

(2) not as (so)＋原級＋as ～　　（～ほど…でない）

　　Tom is **not as tall as** Bill.
　　（トムはビルほど背が高くない。）

　　Susie **cannot** run **as fast as** her sister.
　　（スージーは姉ほど速く走れない。）

(3) ～ times as＋原級＋as ...　　　(....の ～倍)

This jacket cost three **times as much as** that jacket.
(このジャケットはあのジャケットの3倍の値段だった。)

(4) **as＋原級＋as one can**　　　(できるだけ～)
   as＋原級＋as possible

Please have a contact with her **as soon as you can** (= as soon as possible).
(できるだけ速く彼女と連絡をとってください。)

He jumped **as high as possible** (= as high as he could).
(彼はできるだけ高く飛んだ。)

(5) No (other)＋is as(so)＋原級＋as ～　　(～ほど... なものはない)
   Nothing＋is as(so)＋原級＋as ～
   形は原級であるが、最上級の意味を表す。

$\left\{\begin{array}{l}\text{**No other thing** is **as** precious **as** good health.}\\[1em]\text{**Nothing** is **as** precious **as** good health.}\end{array}\right.$

(健康と同じくらい大切なものはない。⇒ 健康ほど大切なものはない。)

(6) **not so much A as B**　　　(AよりむしろB)
   not so much as ～　　　(～さえしない)

She is **not so much** a singer **as** an actress.
(彼女は歌手と言うよりむしろ女優だ。)

He does **not so much as** clean his own room.
(彼は自分の部屋さえ掃除しない。)

第 16 章　比較

2．比較級・最上級の作り方

(1) 規則的な比較変化

① e の語尾　⇒　原級に -r, -st をつける

原級	比較級	最上級
large	larger	largest
nice	nicer	nicest
simple	simpler	simplest
wise	wiser	wisest

② 1母音字＋1子音字の語尾　⇒　子音を重ねて、原級に -er, -est をつける

原級	比較級	最上級
big	bigger	biggest
fat	fatter	fattest
hot	hotter	hottest
thin	thinner	thinnest

③ 子音字＋y の語尾　⇒　y を i に変えて、原級に -er, -est をつける

原級	比較級	最上級
busy	busier	busiest
dry	drier	driest
early	*earlier	*earliest
easy	easier	easiest
happy	happier	happiest
lucky	luckier	luckiest
pretty	prettier	prettiest
chilly	chillier	chilliest

＊通常 ly の語尾の場合には more, most をつけるが、chilly, early は例外である。

第16章　比較

④ 上記以外の規則変化の1音節の語は、それぞれ原級の語尾に -er, -est をつける

原級	比較級	最上級
cold	colder	coldest
fast	faster	fastest
hard	harder	hardest
long	longer	longest
small	smaller	smallest
tall	taller	tallest
warm	warmer	warmest

(2) 不規則的な比較変化

原級	比較級	最上級
good/well	better	best
bad/ill	worse	worst
many/much	more	most
little	less	least
old	older/elder	oldest/eldest
far	farther/further	farthest/furthest
late	later/latter	latest/last

(3) 原級の前に more(比較級), most(最上級) をつける比較変化　⇒　2音節以上の語

原級	比較級	最上級
beautiful	more beautiful	most beautiful
careful	more careful	most careful
carefully	more carefully	most carefully
difficult	more difficult	most difficult
famous	more famous	most famous
important	more important	most important

＊more は -er の、most は -est の代わりと考える！

第16章　比較

3．比較級の用法

(1) 比較級(-er または more ～)+than ...　　(...より～)

　　　Tom is **taller than** Bill.
　　　(トムはビルより背が高い。)

　　　Susie can run **faster than** her sister.
　　　(スージーは姉より速く走れる。)

　　　That flower is **more beautiful than** this one.
　　　(あの花はこの花よりも美しい。)

(2) ラテン語に由来する語の比較級

　　ラテン語に由来する junior (～より年下の、後輩の)、senior (～より年上の、先輩の)、superior (～より優れた)、inferior (～より劣った)は、その後に than ではなくて to を用いる。

　　　Linda is **inferior to** Jim in math, but she is **superior to** him in French.
　　　(リンダはジムより数学では劣るが、フランス語では優れている。)

　　　She is **senior to** me in this fitness center.
　　　(彼女はこのフィットネス・クラブでは私の先輩です。)

　　　I am **senior to** him by three years.
　　　(私は彼より3歳年上です。)

　　　He is two years **junior to** me.
　　　(彼は私より2歳年下です。)

(3) The＋比較級～、the＋比較級 ...　　(～すればするほど、それだけますます...)

　　　The earlier, the better.
　　　(早ければ早いほど良い。)

第 16 章　比較

The more one has, **the more** one wants.
(持てば持つほど欲しくなる。)

(4) 比較級＋and＋比較級　　　　　　　　　　(ますます〜)

The situation is getting **worse and worse**.
(状況はますます悪くなっている。)

Recently it is becoming **warmer and warmer**.
(最近だんだん暖かくなってきている。)

(5) 比較級＋than any (other)＋単数名詞　　　(他のいかなる〜よりも...だ)
　　Nothing (No〜)＋V＋比較級＋than 〜　　　(〜ほど...なものはない)

　　形は比較級だが、意味は最上級である。

Good health is **more** precious **than any other thing**.
(健康は他のいかなるものよりも大切である。)

Nothing is more precious **than** good health.
(健康ほど大切なものはない。)

(6) 比較級の強調

　　much、far、even、still、a little、a bit、a lot などを比較級の前に置いて比較級の意味を強めることがある。口語表現では、a little、much ではなく、それぞれ a bit、a lot の方がよく用いられる。

Her bag is <u>much</u> heavier **than** mine(=my bag).
(彼女のバッグは私のより**ずっと**重い。)

His story is <u>a lot</u> **more** interesting **than** hers (=her story).
(彼の話の方が彼女の話より**ずっと**面白い。)

(7) 注意が必要な比較級

no more than	5 dollars	（5ドルしか）
no less than	5 dollars	（5ドルも）
not more than	5 dollars	（多くても5ドル＝5ドル以下）
not less than	5 dollars	（少なくても5ドル＝5ドル以上）

4．最上級の用法

(1) the＋最上級＋of または in ～　　（～の中で最も...である）
all や数字がある場合には of を、範囲領域の場合には in を用いる。

Peter is **the tallest of** all the boys.
（ピーターは全ての少年の中で最も背が高い。）

Peter is **the tallest of** the three boys.
（ピーターはその3人の少年の中で最も背が高い。）

Peter is **the tallest** boy **in** his class.
（ピーターは彼のクラスの中で最も背が高い少年だ。）

(2) 最上級の強調
very、much、by far などを最上級の前に用いて最上級の意味を強めることがある。

She is the **very** best friend.
（彼女こそまさに親友だ。）

Football is **by far** the most popular sport in England.
（サッカーは英国で群を抜いて最も人気のあるスポーツだ。）

第 16 章　比較

(3) the をつけない最上級

① 同一の人や物についての部分の比較

My mother looks **happiest** when she is shopping.
（私の母は買い物をしている時が一番幸福そうに見える。）

＊「私の母」の持っている時間の中で、買い物をしている時間とその他の事をしている時間とを比較している。

② 強意
他のものとは比較せずに、気持ちや意味を強めて「非常に」という意味になる表現。

She is a <u>most</u> beautiful girl.
（彼女は<u>非常に</u>美しい女性だ。）

(4) 特殊な最上級
① 主語＋形容詞の最上級　　　　　（どんな～でさえも）
　even（～でさえも）を補って訳す最上級で、主語が普段はしないはずの内容を表わす際に用いられる。

The best student sometimes makes such a mistake in class.
（最も優秀な学生<u>でさえも</u>授業中時々そのようなまちがいをする。）

② the＋序数詞＋最上級　　　　　（何番目に～）

Chicago is **the third largest** city in America.
（シカゴはアメリカ第 3 の大都市である。）

③ one of the＋最上級＋複数名詞　　　（最も～な複数名詞の中のひとつ）

　She is **one of the most popular singers** among young people.
　（彼女は若者に最も人気のある歌手の一人である。）

④ **the least**＋原級　　　　　（最も～でない）
　他に比べて程度が劣っていることを表現する際に用いられる。

　He is **the least brave** of the three boys.
　（彼はその3人の少年の中で最も勇気がない。）

⑤ **the last**＋名詞＋**to** 不定詞(または関係代名詞の節)　　　（決して～しない名詞）

　Peter is **the last person to act** arrogantly.
　（ピーターは決して横柄な行動をとらない人だ。）

　Susie is **the last person to tell** a lie.
　（スージーは決して嘘をつかない人だ。）

第 17 章　完了形（Perfect Tense）

1．現在完了形（Present Perfect Tense）

　現在完了形は、「現在」に視点を置いて過去の動作や状態が**現在とつながりを持っている**ことを表し、継続・経験・結果・完了といった4つの意味を持つ。

　　　　肯定文　　　have / has ＋ 過去分詞
　　　　疑問文　　　Have / Has ＋ 主語 ＋ 過去分詞 ～？
　　　　答え方　　　Yes, 主語 ＋ have / has.　　No, 主語 ＋ haven't / hasn't.

＊口語体では、主語が代名詞や人の場合には has/have の短縮形がよく使われる。
　　e.g.　I've　we've　you've　he's　she's　they've　Bill's

(1) 継続用法
　現在までの動作や状態の継続を表し、「今迄ずっと～している」の意味である。動作を表す動詞は「継続用法」以外にも現在完了進行形でも使われる。

　　He **has been** in Paris.
　　（彼は今迄ずっとパリにいる。）

　"He is in Paris." ＝「彼はパリにいる」状態が過去のある時点から今もずっと続いていることを意味している。

　　He **has lived** in Paris.
　　（彼は今迄ずっとパリに住んでいる。）

　"He lives in Paris." ＝「彼はパリに住んでいる」状態が過去のある時点から今もずっと続いていることを意味している。

＊継続用法では、期間を問う"**How long** ～？"や期間を表す前置詞 **for** や **since** などを用いることが多い。

第17章　完了形

How long has he been in Paris?
（彼はパリにどのくらいいるのですか。）

①He **has been** in Paris **for three years**.
②He **has been** in Paris **since three years ago**.
③He **has been** in Paris **since 2007**.
④Three years **have passed since** he went to Paris.
＝It **has been** three years **since** he went to Paris.

①（彼は3年間ずっとパリにいる。）
②（彼は3年前からずっとパリにいる。）
③（彼は2007年からずっとパリにいる。）
④（彼がパリに行ってから3年になる。）

＊現在が2010年だとすると、③の文も他の文と同様に「彼は3年間ずっとパリにいる。」という意味になる。

(2) 経験用法
現在迄の経験を表し、「今迄に～したことがある」の意味である。

> ＊「経験用法」では、**ever**（これまでに）、**never**（これまでに～ない）、**before**（以前）、**often**（しばしば）などの副詞や、**once**（1回）、**twice**（2回）、**three times**（3回）、**～times**（～回）、**several times**（数回）などの頻度を表す語句を伴うことが多い。

Tom **has tried** to mend the gate before.
（トムは以前その門を修理しようとしたことがある。）

He **has been** to Paris.
（彼は今迄にパリに行ったことがある。）

Have you **ever** been to Paris?　　　Yes, I have. ／ No, I haven't.
（今迄にパリに行ったことはありますか。はい、あります。いいえ、ありません。）

He has **never** been to Paris **before**.
（彼は今迄に一度もパリに行ったことはありません。）

第 17 章　完了形

He has been to Paris **five times**.
（彼は今迄に 5 回パリに行ったことがあります。）

＊副詞(句)の位置に注意する。ever と never 以外は、通常文尾にくる。

(3) 完了用法

　現在までの動作の完了を表し、「もう～してしまった、今～したところだ」という意味になる。「完了用法」では、**just、already、lately、now、yet** などの副詞を伴うことが多いが、その位置に注意する。just と already は have と過去分詞の間に入るが、その他は通常文尾にくる。

　　The children **have just come** home from school.
　　（子供達がちょうど学校から帰って来たところだ。）

　　He **has already finished** his homework.
　　（彼はすでに宿題を終えてしまっている。）

　　Have you **finished** your homework **yet**?　　Yes, I've (= I have) **just finished** it.
　　（もう宿題を終えましたか？）　　　　　　　　　（はい、ちょうど終えたところです。）

　　The movie **has started**.　　（映画が始まってしまった。）
　　The movie **started**.　　　　（映画が始まった。）

　「現在完了」は現在に視点を置いて過去のある時点と現在との間につながりがあるために、上の文では「今も映画を上映している」ということが分かるが、下の文では過去のある時点のみをとらえているので、今も映画を上映しているかどうかは分らない。

(4) 結果用法

　動作の後の現在における結果を表し、「～している、～して今は…だ」の意味である。

　　He **has gone** to Paris.　　　　　　　　　　　（彼はパリに行ってしまった。）

「彼はパリに行ってしまった。その結果、彼は今ここにはいない。彼は今パリにいる。"He is now in Paris."」という意味になる。

2．過去完了形（Past Perfect Tense）

> had ＋ 過去分詞

過去完了形は、過去のある時点を基準として、その時点以前のことを振り返って表現する際に用いる。現在完了形とは違って、人称で区別する必要はなく、主語が何であろうと **had** を使う。

(1) 継続用法
過去のある時までの状態の継続を表し、「その時までずっと～していた」の意味である。

He **had lived** in Paris for three years till he came back to Tokyo.
（彼は東京に戻ってくるまでの3年間ずっとパリに住んでいた。）

＊過去のある一点を表す "he came back to Tokyo"「彼が東京に戻ってきた」時に視点を置いて、その過去の時点より以前の「3年間ずっとパリに住んでいた」という意味になるので、過去より前の時制である過去完了形にすることによって、その時間差を明確にしている。

(2) 経験用法
過去のある時までの経験を表し、「その時までに～したことがあった」の意味である。

He **had never been** to Paris until then.
（彼はその時まで一度もパリに行ったことがなかった。）

＊過去のある一点である「その時」に視点を置いて、「その時」からさかのぼって「彼」が生まれた時までの期間で「パリに一度も行ったことがない」という意味を表している。

第 17 章　完了形

(3) 完了・結果用法

過去のある時までの動作の完了・結果を表し、「その時には〜していた」の意味である。

　　He **had already finished** his homework when I visited his house.
　　（私が彼の家を訪れたときには、彼はすでに宿題を終えていた。）

(4) 過去のある出来事よりも以前の出来事を表す過去完了形

　過去に起こった出来事を起こった順とは逆に表現する場合は、前後関係を明確にするために時制に注意して、先に起こった出来事の文を過去より前の過去完了形にしなければならない。起こった出来事を起こった順に述べる場合や、before や after などの前後関係をはっきりさせる語がある場合には、時制は過去形でよい。

　　She **painted** a beautiful picture **and gave** it to me.
　　（彼女が美しい絵を描いた。そしてそれを私にくれた。）

⇒　She **gave** me the beautiful picture which she **had painted**.
　　（彼女が描いた美しい絵を私にくれた。）

　上の文では2つの出来事が起こった順に表現されているので、時制は過去形でよいが、下の文では出来事が起こった順とは逆に表現されているので、「彼女が美しい絵を描いた」という先に起こった出来事を過去完了形にすることによって、時間のずれを明確に表現している。

(5) 時制の一致による過去完了形

　　Now he **says**, "I **haven't watched** the musical."
　　（<u>今</u>彼はそのミュージカルを見ていないと言っている。）

⇒　Yesterday he also **said** that he **hadn't watched** the musical.
　　（<u>昨日も</u>彼はそのミュージカルを見ていないと言っていた。）

＊上の主節の文が過去形(says→said)になった場合には、下の文のように名詞節の that 以下が時制を合わせて過去完了形になることに注意する。

第 17 章　完了形

(6) 仮定法過去完了形

過去の事実の反対を仮定する場合に用いる。

　　　As you took part in the race, you broke your leg.　　　＊過去の事実
　　　（君はそのレースに参加したので、足を骨折した。）

⇒ If you **hadn't taken** part in the race, you **wouldn't have broken** your leg.
　　　（君はそのレースに参加しなかったならば、足を骨折しなかっただろうに。）

（＊仮定法過去完了については第 20 章「仮定法」— P.208「3. 仮定法過去完了」を参照。）

3．未来完了形（Future Perfect Tense）

　　　　will + have + 過去分詞

(1) 継続用法

　未来のある時点に視点を置いて、その時までの動作や状態の継続を表し、「その時までずっと〜しているだろう」の意味になる。

　　　He **will have lived** in Paris for three years next month.
　　　（来月で彼は 3 年間ずっとパリに住んでいることになるだろう。）

＊未来の一点を表す next month に視点を置いて、その時まで「パリに住んでいる」という状態が続いていることを予測している。

(2) 経験用法

　未来のある時点に視点を置いて、その時までの経験を表して、「その時までに〜したことになるだろう」の意味である。

　　　He **will have been** to Paris five times, if he goes there again.
　　　（彼がまたパリに行ったら、5 回行ったことになるだろう。）

＊未来のある時点を表すのが if he goes there again で、回数を表す表現 five times があるので、未来のその時までの経験を表している。

第17章　完了形

(3) 完了・結果用法

未来のある時点に視点を置いて、その時までの動作の完了・結果を表して、「その時までには～してしまっているだろう」の意味である。

　　完了の期限を表す by ＋ 時を表す名詞(句) を伴うことが多い。

　　He **will have finished** his homework by eight o'clock.
　　（8時までには、彼は宿題を終えているだろう。）

＊未来のある時点は eight o'clock で、完了の期限を表す前置詞 by があるので、「8時まで」の動作の完了を予測している。

4．完了進行形（Perfect Progressive）

(1) 現在完了進行形（Present Perfect Progressive）

「動作」を表す動詞に用いる。過去のある時点から現在までの動作の継続を表して、「今までずっと～し続けている」という意味になる。

現在完了形の「継続用法」と意味がほとんど同じであるが、継続状態が長期にわたる場合には現在完了形の方が用いられることが多い。

　　　have (has)　been　＋　現在分詞

　　They**'ve been sitting** in the garden since lunchtime.
　　（彼等は昼食時からずっと庭で座っています。）

　　I **have been expecting** a call from her all day.
　　（私は一日中彼女からの電話を待っている。）

　　He **has been doing** his homework for 2 hours.
　　（彼は2時間ずっと宿題をし続けている。）

(2) 過去完了進行形（Past Perfect Progressive）

「動作」を表す動詞に用いて、過去のある時点までの動作の継続を表す。

第17章　完了形

$$\boxed{\text{had been + 現在分詞}}$$

He **had been driving** all day, so he was very tired when he arrived there。
（彼は一日中運転していたので、そこへ到着した時にはとても疲れていた。）

We were exhausted.　We **had been expecting** her to arrive for two hours.
（私達は疲れ切っていた。彼女が到着するのを2時間ずっと待っていた。）

(3) 未来完了進行形 (Future Perfect Progressive)
　　「動作」を表す動詞に用いて、未来のある時点までの動作の継続を表す。

$$\boxed{\text{will have been + 現在分詞}}$$

By September, you'll **have been working** for that company for a year.
（9月迄で、あなたはその会社に1年間勤めていることになるでしょう。）

第18章　関係詞（Relatives）

　関係詞は、2つの文を結んで1つの文にする接続詞的な働きをする。関係詞には、関係代名詞と関係副詞があり、それぞれに限定用法(Restrictive Use)と継続用法(Continuative Use)という2つの用法がある。限定用法とは先行する詞を修飾限定する場合で、継続用法とは先行する詞について補足説明する場合に用いられる。

1．関係代名詞（Relative Pronoun）

　代名詞の働きをする関係詞で、主節と通常形容詞の働きをする従属節とを関係づける役割をする。「**先行詞**」と呼ばれる先行する名詞とその名詞を修飾・説明する節とを結び付ける。先行詞が「人」か「もの」か、また従属節（関係代名詞節）の中でどのような働きをするかによって関係代名詞が決まる。関係代名詞が主語の役割をするのか、所有の意味を表すのか、目的語の役割をするのかに応じて、関係代名詞の格変化が起こる。

格変化

主格	所有格	目的格
who	whose	whom
which	whose	which
that	／	that
what	／	what

　＊関係詞は、先行詞と関係詞に導かれる節を結びつける役割をするので、関係詞節は先行詞の直後に来る。関係詞に代替された語（句）は、関係詞節の中では消える！

(1) who　　　　　先行する名詞・代名詞が人の場合

　① 主格 who

　　I know a boy.　He can run very fast.
　　（私は一人の少年を知っている。彼はとても速く走ることができる。）

第18章　関係詞

＊a boy と He が共通なので、a boy が先行詞となり、代名詞の主格である He が関係代名詞の主格 who となる。who に導かれる関係代名詞節は先行詞の直後に続き、who に代替された He は消える。

⇒I know <u>a boy</u> **who** can run very fast.
　　　　　先行詞
（私はとても速く走ることができる一人の少年を知っている。）

② 所有格 whose

She met <u>a politician</u>.　　<u>His</u> personality made such a deep impression on her.
（彼女は一人の政治家に会った。彼の性格はとても強い印象を彼女に与えた。）

⇒She met <u>a politician</u> **whose** <u>personality made such a deep impression on her</u>.
　　　　　先行詞　　　　　　　関係代名詞節
（彼女はその性格がとても強い印象を彼女に与えた一人の政治家に会った。）

③ 目的格 whom　　　　　　　　　＊目的格は省略することができる

<u>A politician</u> is making a speech.　She met <u>him</u> (= a politician) at the party.
（ある政治家がスピーチをしているところです。彼女はパーティで彼に会った。）

⇒<u>A politician</u> **(whom)** <u>she met at the party</u> is making a speech.
　　先行詞　　　　　　　関係代名詞節
（パーティで彼女が会った政治家がスピーチをしているところです。）

＊関係代名詞節が文の途中に入っているが、関係代名詞節が先行詞の直後に続くことから、先行詞である A politician が主語の役割をしているので、A politician の説明部分にあたる(whom) she 以下の関係代名詞節が主語の直後にきている。

(2) which　　　　　　先行する名詞・代名詞が物の場合

① 主格 which

第18章　関係詞

　　Stella saw a parrot.　　It spoke English.
　　（ステラはオウムを見た。それは英語を話した。）

　⇒Stella saw a parrot which spoke English.
　　　　　　　 先行詞　　関係代名詞節
　　（ステラは英語を話すオウムを見た。）

② 所有格 whose

　　Look at that mountain.　　Its top is still covered with snow.
　　（あの山を見て。その頂上がまだ雪で覆われている。）

　⇒Look at that mountain whose top is still covered with snow.
　　　　　　　 先行詞　　　　関係代名詞節
　　（まだその頂上が雪で覆われているあの山を見て。）

③ 目的格 which　　　　　　　　　　＊目的格は省略することができる

　　Stella bought a parrot.　　She saw it in a pet shop.
　　（ステラはオウムを買った。彼女はそれをペット・ショップで見つけた。）

　⇒Stella bought a parrot *(which)　she saw in a pet shop.
　　　　　　　 先行詞　　　関係代名詞節
　　（ステラはペット・ショップで見つけたオウムを買った。）

(3) that
　　所有格は存在しないが、先行詞の区別なく、who や which の主格・目的格と同じように用いられる。

① 主格 that

　　This is the boy that can run very fast.
　　（こちらがとても速く走れるその少年です。）

Stella saw a parrot <u>that</u> spoke English.
(ステラは英語を話すオウムを見た。)

② 目的格 that　　　　　　　　　＊目的格は省略することができる

This is the politician *(<u>that</u>) she met at the party.
(こちらは彼女がそのパーティで会った政治家です。)

Stella bought a parrot *(<u>that</u>) she saw in a pet shop.
(ステラはペット・ショップで見たオウムを購入した。)

③ that の注意すべき用法　　　　　　＊目的格は省略することができる

以下の場合には that のみしか使えず、who や which を用いることはできない。

a) 先行詞が人と物の両方の場合

She took the photo of <u>a funny man and his old car</u> *(<u>that</u>) she saw in England.
　　　　　　　　　　　　　　先行詞
(彼女はイギリスで見たおかしな男性と彼の古い車の写真を撮った。)

b) 先行詞に最上級の形容詞や序数、限定的な意味の all、every、any、no、the only、
the very、the same、the last などがつく場合

This is <u>the **most** beautiful flower</u> *(<u>that</u>) I have ever seen.
　　　　　　　先行詞
(これは私が今まで見た中で最も美しい花だ。)

That is <u>the **very** book</u> *(<u>that</u>) we want to buy.
　　　　　先行詞
(それはまさに私たちが買いたい本だ。)

c) 先行詞が不定代名詞の場合

<u>All</u> **that** <u>glitters is not gold.</u>　　　（格言）
[先行詞] [関係代名詞節]
（光るもの全てが金ならず。）

There isn't <u>anything</u> *<u>**(that)** we want to buy now</u>.
　　　　　　[先行詞]　　　　　　[関係代名詞節]
（私たちは今買いたいものは何もない。）

d) 疑問代名詞がある場合

Who is <u>the lady</u> **that** <u>waved good-by to you just now</u>?
　　　　[先行詞]　　　　　[関係代名詞節]
（たった今あなたに手を振って別れを告げた女性は誰ですか？）

(4) what

先行詞をその中に含み、「～するもの、～すること」などの意味を表し、the thing(s) which、those which などと同じ表現である。形容詞節を導く who、which、that とは異なり、what が導く節は名詞節である。

① 名詞節で主語の働きをする what

　　[S'] 　[V']
What is written here　is　very useful.
　S [名詞節]　　　　　V　　C
（ここに書かれていることは本当に役に立つ。）

② 名詞節で目的語の働きをする what

　　[O'] [S'] [V']
What she said　is　really important.
　S [名詞節]　　V　　C
（彼女が言ったことは本当に重要だ。）

第 18 章　関係詞

③ 名詞節で補語の働きをする what

　　　　　　　　　　　　　　　　C'　S'　V'
She　is　now　different　from　what she was.
S　V　　　　C　　　　　　　　　名詞節

（彼女はもう昔の彼女とは違っている。）

④ what を含む慣用表現　　　　　本文とは独立して、副詞節の働きをする。

　　what we call、what is called　　（いわゆる）
　　what is more　　　　　　　　　（その上に）

Even dogs should have, **what we call**, a good social life.
（犬といえどもいわゆる良い社会生活をおくるべきだ。）

You made a wrong decision, and, **what's more**, you didn't change your mind.
（あなたは間違った決定をした。そしてその上決心を変えなかった。）

(5) 前置詞＋関係代名詞

例文 1)　This is the hotel.　　Tom stayed at the hotel last month.

　上の２文では the hotel が共通なので、the hotel を関係代名詞 which に直して次のように書き換えることができる。at which は関係副詞 where に置き換えることができる。

This is the hotel ⎰ which/that Tom stayed at last month.
　　　　　　　　 ⎨ at which Tom stayed last month.
　　　　　　　　 ⎱ where Tom stayed last month.

（ここはトムが先月滞在したホテルです。）

＊関係代名詞が前置詞の目的語になる場合、前置詞を後ろに回した形では that は使えるが、前置詞の直後には that は使えない。

第 18 章　関係詞

例文 2)　The man is my uncle.　　You spoke to him.

　　him を関係代名詞 whom に直して次のように 3 つの文に書き換えることができる。whom/that は目的格なので省略することもできる。that や省略形を用いるとくだけた表現になり、whom を用いるとあらたまった表現になる。

The man ｛ whom/that you spoke to / you spoke to / to whom you spoke ｝ is my uncle.

（あなたが話しかけた人は私の叔父です。）

2．関係副詞（Relative Adverb）

　関係副詞とは副詞と接続詞の働きをする関係詞で、主節と通常名詞を修飾する形容詞の働きをする従属節とを結びつける。when、where、why には関係副詞の導く節が先行詞を限定する用法があるが、how は先行詞が省略されるためにその用法はない。また、先行詞が省略されて名詞節を導く用法もある。

(1) when　　　　　　　先行詞が「時」を表す名詞の場合

　　Do you know the exact time when the next train will arrive?
　　　　　　　　　先行詞　　　　　　従属節
　　（次の列車が到着する正確な時刻を知っていますか？）

　　Fall is **when** everybody enjoys the beauty of nature.
　　（秋は誰もが自然の美しさを楽しむ時だ。）　　＊先行詞 the time が省略されている

(2) where　　　　　　先行詞が「場所」を表す名詞の場合

　　This is the house **where** he was born.
　　　　　　先行詞　　　　従属節
　　（ここは彼が生まれた家だ。）

This is **where** he was born.
（ここは彼が生まれた場所だ。）　　　　　　＊先行詞 the place が省略されている

(3) **why**　　　　　　先行詞が「理由」を表す名詞の場合

I don't know the reason **why** he was fired.
　　　　　　　先行詞
（なぜ彼が解雇されたのか理由はわからない。）

That's (=That is) **why** he was fired.
（そういうわけで彼は解雇された。）　　　＊先行詞 the reason が省略されている

(4) **how**

名詞節を導く。常に先行詞はなく、「〜する方法」という意味である。

This is **how** you can make an omelet.
（これがオムレツをつくる方法です。＝ このようにしてオムレツを作ります。）

＊That's how 〜 / That's (This is) the way 〜 などの表現も「〜する方法」の意味で使われる。

3．関係詞の継続用法（Continuative Use）

先行詞を修飾限定する場合に用いられる。関係詞の前にコンマがない限定用法とは異なり、継続用法では普通関係詞の前にコンマがあり、先行詞について補足説明をする。継続用法がある関係詞は who、which、when、where の 4 つである。

(1) **who**

He has two daughters, **who** (=and all of them) are teachers.
（彼には 2 人の娘がいるが、彼女らは教員である。）　　　　＊継続用法

He has two daughters **who** are teachers.
（彼には教員をしている 2 人の娘がいる。）　　　　　　　　＊限定用法

＊継続用法では先行詞の意味を限定しないので、前述の文では「娘は 2 人だけで、その 2 人とも教員である」という意味になるが、限定用法の後述の文では関係詞節が先行詞の意味を限定するので「教員をしている娘は 2 人いる」という意味になり、娘は 2 人以外にもいる可能性もあることを意味している。

(2) which

The mountain, **which** is covered with snow, is very beautiful.
（その山は、雪に覆われているが、とても美しい。）

＊which 以下の節は先行詞 mountain を付加的に説明している。

He said he passed the exam, **which** (=and it) was a lie.
（彼はその試験に合格したといったが、それはうそだった。）

＊which は先行する文 He said he passed the exam を指している。

(3) when

Please wait till one o'clock, **when** (=and then) everybody will be back.
（1 時までお待ち下さい。その時には皆がもどりますから。）

(4) where

He took me to the nice restaurant, **where** (=and there) we had a wonderful time.
（彼がその素敵なレストランに私を連れて行った。そしてそこで私達はすばらしい時間を過ごした。）

第19章　分詞構文（Participial Construction）

　分詞構文とは、分詞が接続詞や動詞をかねた働きをして、主文全体を修飾する副詞句になる形をいう。「時」・「理由・原因」・「条件」・「譲歩」・「付帯状況」などを表し、文頭・文中・文尾のいずれの位置にも置かれる。口語体には通常用いられず、文語体に用いられる。

$$\boxed{\text{現在分詞 〜 , S + V 〜}}$$

（文頭）　　　<u>**Walking** in the park</u>, Tom and Bill saw their teacher.

　　　　　　　　　　┌─接続詞─┐
　　＝ <u>**When(While)** Tom and Bill were walking in the park</u>, <u>they saw their teacher.</u>
　　　　　　　　　　　　従属節　　　　　　　　　　　　　　　　　　主節

（文中）　　　Tom and Bill, <u>**walking** in the park</u>, saw their teacher.

　　　　　　　　　　　　　┌─接続詞─┐
　　＝ <u>Tom and Bill,</u> <u>**when (while)** they were walking in the park,</u> <u>saw their teacher.</u>
　　　　　　主節　　　　　　　　　　　従属節　　　　　　　　　　　　　主節

（文尾）　　　Tom and Bill saw their teacher, <u>**walking** in the park</u>.

　　　　　　　　　　　　　　　　　　　　　　┌─接続詞─┐
　　＝ <u>Tom and Bill saw their teacher,</u> <u>**when (while)** they were walking in the park.</u>
　　　　　　　　　主節　　　　　　　　　　　　　　　　従属節

　＊上記のすべての構文は同じ意味で「トムとビルは公園内を歩いている時に彼らの先生に会った。」になる。副詞の働きをする従属節の接続詞をとり、動詞を現在分詞形に変えて、分詞構文が作られている。

第 19 章　分詞構文

１．分詞構文が表す意味

(1) 時　　　　　（〜する時に、〜した後で，〜するやいなや）

　　　<u>Arriving</u> at the airport, he found his plane gone.
　　　（空港に到着すると、彼の乗る飛行機は離陸してしまっていた。）

＝ When he arrived at the airport, he found his plane gone.

(2) 理由・原因　　（〜なので）

　　　<u>Being</u> too tired, we gave up the night tour.
　　　（疲れすぎたので、私たちは夜のツアーをあきらめた。）

＝ As we were too tired, we gave up the night tour.

(3) 条件　　　　（〜すれば）

　　　<u>Taking</u> the first right turning, you will see the public library.
　　　（最初の角を右に曲がれば、その公立図書館が見えるでしょう。）

＝ If you take the first right turning, you will see the public library.

(4) 譲歩　　　　（〜しても、〜だけれども）

　　　<u>Feeling</u> tired, he kept working.
　　　（疲れていたけれども、彼は働き続けた。）

＝ Though he felt tired, he kept working.

　　　<u>Living</u> next door, we don't see him often.
　　　（隣に住んでいるけれども、あまり彼を見かけない。）

202

= Although we live next door to him, we don't see him often.

(5) 付帯状況 　　（〜しながら、...そして〜する）

　　She cleaned her room, <u>**singing**</u> her favorite song.
　　（彼女はお気に入りの歌を歌いながら、自分の部屋を掃除した。）

= She cleaned her room as she sang her favorite song.

　　The train for Hassocks starts at eight, <u>**arriving**</u> at nine.
　　（ハソックス行きの電車は8時に出発して、9時に着く。）

= The train for Hassocks starts at eight and it arrives at nine.

２．分詞構文の否定形

分詞構文の否定形は、分詞の前に **not** または強い否定を表す **never** を置いて作る。

> <u>**Not knowing**</u> what to do, we were just standing there.
> （何をしてよいかわからずに私たちはただそこに立っているだけだった。）
>
> = As we didn't know what to do, we were just standing there.

> <u>**Never having** been</u> to England, he has no idea about what *B&B is.
> （英国に一度も行ったことがないので、彼はB&Bがどんなものか知らない。）
>
> = Since we have never been to England, he has no idea about what B&B is.

＊B&Bとは Bed & Breakfast の略で、寝る場所と朝食を提供する宿泊施設のことである。

第 19 章　分詞構文

3．完了形の分詞構文

完了形の分詞構文は、主文の述語動詞の時制よりも前の時制を表す場合に用いられる。

$$\boxed{\text{having ＋過去分詞}}$$

{
Having finished her homework, she watched TV.
（彼女は宿題を終えてからテレビを見た。）

She watched TV, having finished her homework.

＝After she had finished her homework, she watched TV.
}

＊「彼女が宿題を終えた」時が「彼女がテレビを見た」時よりも前のため、過去完了形を用いることによってその時間のずれを表している。

4．受動態の分詞構文

受動態の分詞構文は「being＋過去分詞」で、完了形の受動態の分詞構文は「having been ＋過去分詞」で表される。両方とも being と having been が省略されて、過去分詞だけ残ることが多い。

{
(＊Being) Wrapped beautifully, the Christmas present looks so special.
（美しく包装されていて、そのクリスマス・プレゼントは格段特別な物に見える。）

＝As it is wrapped beautifully, the Christmas present looks so special.
}

{
(＊Being) Written in French, we think the book difficult.
（フランス語で書かれてあるので、その本は難しいと思う。）

＝As it is written in French, we think the book difficult.
}

$\begin{cases} \text{(*Having been) } \textbf{Born} \text{ in Japan, Chris speaks Japanese beautifully.} \\ \text{（日本で生まれたので、クリスは日本語がとても上手だ。）} \\ \\ = \text{As he was born in Japan, Chris speaks Japanese beautifully.} \end{cases}$

5．独立分詞構文（Absolute Participial Construction）

独立分詞構文とは、分詞の**意味上の主語が主文の主語と一致しない**構文のことである。

(1)「意味上の主語＋分詞」

分詞の意味上の主語を分詞の直前に置く場合

$\begin{cases} \underline{\text{It}} \text{ being Sunday, } \underline{\text{my father}} \text{ took me to the ball park.} \\ \text{（日曜日だったので、お父さんが私を野球場に連れて行ってくれた。）} \\ \\ = \text{As } \underline{\text{it}} \text{ was Sunday, } \underline{\text{my father}} \text{ took me to the ball park.} \end{cases}$

　　　↑ ── 不一致 ── ↑

＊分詞 being の意味上の主語 It と、主文の主語 my father とが一致しないので、It が分詞 being の直前に置かれている。

$\begin{cases} \underline{\text{There}} \text{ being no trains, } \underline{\text{we}} \text{ had to take a taxi.} \\ \text{（電車がなかったので、私達はタクシーに乗らなければならなかった。）} \\ \\ = \text{As } \underline{\text{there}} \text{ were no trains, } \underline{\text{we}} \text{ had to take a taxi.} \end{cases}$

　　　↑ ── 不一致 ── ↑

＊分詞 being の意味上の主語 There と、主文の主語 we とが一致しないので、There が分詞 being の直前に置かれている。

(2) 非人称独立分詞

慣用的表現として分詞の意味上の主語が省かれる場合は、非人称独立分詞という。

第 19 章　分詞構文

分詞の意味上の主語が **we、you、they** などの「**一般主語**」である場合には、これらの主語は慣用的に省略される。この形の分詞構文は**慣用句**として覚える。

> **Judging from** his conduct, he is not the person we can trust.
> （彼の行動から判断すると、彼は信用できる人間ではない。）
>
> =If <u>we</u> judge from his conduct, he is not the person we can trust.

> **Talking of** New York, have you been to Broadway?
> （ニューヨークと言えば、ブロードウエイに行ったことがありますか？）
>
> = If <u>we</u> talk of New York, have you been to Broadway?

★分詞構文の慣用的な表現

frankly speaking	（率直に言えば）
generally speaking	（一般的に言えば）
roughly speaking	（大ざっぱに言えば）
strictly speaking	（厳密に言えば）
considering〜	（〜のことを考えれば）
seeing that 〜	（〜の点から見れば）

第 20 章　仮定法（Subjunctive Mood）

　仮定法とは、事実ではないことを、仮定、想像、願望として述べる場合に用いられる動詞の形で、仮定法現在、仮定法過去、仮定法過去完了、仮定法未来の４つがある。
　条件節の中で、should、were、had などが使われている場合には、if が省略されて倒置になることがある。

１．仮定法現在（Subjunctive Present）

　現在・未来の不確実な仮定や単なる想定を表し、「もし～すれば…だろう」という意味になる。

> If + S + 現在形(または原形) ～ , S + 助動詞 + 動詞の原形 …

If she takes the trouble to diet, she will lose weight.
（もし彼女が労をいとわずダイエットをするなら、体重が減るだろう。）

If he works so hard, he will pass the exam.
（もし彼が一生懸命に勉強をするならば、彼はその試験に合格するだろう。）

If he doesn't work so hard, he won't pass the exam.
（もし彼があまり一生懸命に勉強しないなら、彼はその試験に合格しないだろう。）

２．仮定法過去（Subjunctive Past）

　現在の事実に反する仮定や単なる想定を過去形によって表す。「もし～すれば／～であれば、…するだろう」という意味になる。

> If + S + 動詞過去形(be 動詞の場合は通常 were) ～ , S + 助動詞の過去形 + 動詞原形 …

If he worked so hard, **he would pass** the exam.
（もし彼が一生懸命に勉強をするならば、彼はその試験に合格するだろう。）
＊彼は今一生懸命に勉強をしていないが、もし彼が一生懸命に勉強をするならば、彼はその試験に合格する可能性があることを意味している。<u>試験はまだ実施されてはいない。</u>

If you were in my position, what would you do?
(もしあなたが私の立場だったら、どうする？)

If I were you, I would accept that offer.
(もし私があなただったら、その申し出を受けるでしょう。)

＊ "If I were you, I would..." という言い方は、「もし私があなたの立場だったら...するでしょう」という意味になり、相手にアドバイスを与える際によく使われる表現である。

＊仮定法では be 動詞を使う場合は、主語の人称や数に関係なく were を使うのが一般的である。口語的な表現では、主語が 1 人称単数・3 人称単数の場合には was も使うことはできる。

3．仮定法過去完了（Subjunctive Past Perfect）

過去の事実に反する仮定や実現しなかった願望を過去完了形によって表し、「もし 〜 していたら、...したであろう」という意味になる。

If + S + had + 過去分詞〜, S + 助動詞の過去形 + have + 過去分詞 ...

If he had worked so hard, he would have passed the exam.
(もし彼が一生懸命に勉強をしたならば、彼はその試験に合格していただろう。)

= As he didn't work so hard, he didn't pass the exam.

＊彼はそれほど一生懸命に勉強しなかったので、その試験に落ちたことを意味している。実際試験はすでに実施されていて、もう受けることは出来ない。

If Susie had been the teacher, what would she have done?
(もしスージーがその教師であったら、どうしたでしょう？)

＊「スージー」はその教師ではないので、今更どうすることも出来ないが、過去において仮に彼女がその教師の立場であったら、どういう行動をとっていただろうかを話し相手に問いかけている表現である。

> **If I had known** the club activity was so hard, **I wouldn't have entered** it.
> （もし部活がそんなにハードだと知っていたら、入部しなかっただろう。）
>
> = As I didn't know the club activity was so hard, I entered it.

＊「そのクラブ活動がそんなに厳しいとは知らなかったので、すでに入部してしまった」という事実を後悔している表現である。

4．仮定法未来（Subjunctive Future）

未来について実現しそうもないことの想定を表し、「万が一〜すれば、...だろう」の意味になる。話し手によって実現する可能性が低いと判断された内容や、強い疑いなどを表現する。If を省略して should を文頭に置く倒置構文で表現することもある。

| If ＋ S ＋ should または were to ＋ 原形 〜，S ＋ 助動詞 ＋ 原形 ... |

> **If** anyone **should** come late, he **will** call me.
> （万一誰かが遅れることがあれば、私に連絡してくるだろう。）
>
> = **Should** anyone come late, he **will** call me. （倒置構文）
> ＊誰も遅れてくることはないだろうと想定している。

> **If** it **should** rain, I'll stay at home.
> （万一雨が降ることがあれば、私は家にいるだろう。）
>
> = **Should** it rain, I'll stay at home. （倒置構文）
> ＊雨が降ることはないだろうと想定している。

If I **were to** travel into space, I'll enjoy space walk.
（万一私が宇宙へ行くようなことがあれば、私は宇宙遊泳を楽しむだろう。）

＊宇宙へ行くようなことはないだろうと想定している。

5．その他の用法

(1) wish を使った仮定法

① | I wish ＋ S ＋ 過去形(be 動詞は通常 were) |

現在の事実に反対で、実現できそうもない願望を表して、「～すればよいのに、～であればよいのに」の意味になる。

I wish I were a bird.　I would fly to you.
（私が鳥だったらなあ。あなたのところに飛んでいけるのに。）

② | I wish ＋ S ＋ had ＋ 過去分詞 |

過去の事実に反対の願望を表し、「～すればよかったのに、～であればよかった」という意味になる。

I wish I had accepted your invitation yesterday.
（昨日あなたのご招待を受ければよかったのになあ。）

＝ In fact, I didn't accept your invitation yesterday.
（実際は、昨日私はあなたの招待を受けなかった。）

＊招待を受けて行かなかったのは「昨日」であったが、その昨日のことを後悔して願っているのが「今」なので、その時間のずれを過去完了形で表現している。

＊願う(＝wish)時点に視点を置いて、願う内容（従属節）が願う時期と同時期であれば**過去形**で、願う時点よりも以前であれば**過去完了形**で表す。主節の wish が過去形になっても願う「時」と願う内容の「時」にずれがなければ「**時制の一致**」を受けない。あくまでも願う「時」と願う内容の「時」のずれに焦点を当てる。

I wished I could escape from the house.
（家から逃れたい気持ちだった。）

＊過去の気持ちを振り返って表現しているので wish の過去形 wished が使われているが、願う内容の「逃れる」行為と願う行為とは同時期であるので、願う内容は過去形で表わされている。

第 20 章　仮定法

(2) ① | If it were not for ～, S ＋ 助動詞 ＋ 動詞の原形 ... |
　　　仮定法過去　　　　　「もし～がなければ、...であろう」

　　　If it were not for your advice, I couldn't carry out the plan.
　　　（あなたのアドバイスがなければ、私はその計画を実行に移せないだろう。）

　　★If it were not for...や If it had not been for ...の代わりに、But for...や Without...
　　　も使える。

　　　⎧ But for your advice, I couldn't carry out the plan.
　　　⎨
　　　⎩ Without your advice, I couldn't carry out the plan.

② | If it had not been for ～, S ＋ 助動詞の過去形 ＋have ＋過去分詞 ... |
　　　仮定法過去完了　　　「もし～がなかったら、...であっただろう」
　　　＊倒置表現で if を省略することもある。

　　　⎧ If it had not been for your advice, I couldn't have carried out the plan.
　　　⎪ （あなたのアドバイスがなかったら、私はその計画を実行に移せなかっただろう。）
　　　⎨ Had it not been for your advice, I couldn't have carried out the plan.（倒置）
　　　⎪ But for your advice, I couldn't have carried out the plan.
　　　⎩ Without your advice, I couldn't have carried out the plan.

(3) ① | as if (=though) ＋ S ＋ 過去形(be 動詞は通常 were) |
　　　「まるで～するかのようだ」　　　　as if 以下が現在のことを表現している。

　　　She speaks English as if she were *English.
　　　（彼女はまるでイギリス人であるかのように英語を話す。）

　　　　　＊English は名詞と形容詞があり、ここでは形容詞として使われているので冠詞がない。

② as if (=though) ＋ S ＋ had ＋ 過去分詞

「まるで〜したかのようだ」　　　　as if 以下が<u>過去</u>の内容を表現している。

She behaved **as if she had played** the most important role.
(彼女はまるで最も重要な役割を果たしたかのようにふるまった。)

(4) ① It is time ＋ S ＋過去形(be 動詞は通常 were)

「もう〜すべき時だ」

It is time you went to bed.　　　　(もう寝る時間だ。)
It is time we had lunch.　　　　(もう昼食の時間だ。)

② It is about time ＋S＋ 過去形(be 動詞は通常 were)

「もう〜そろそろする頃だ、〜しても良い頃だ」

It is about time you had a holiday.
(もうそろそろ休みを取っても良い頃だ。)

③ It is high time ＋ S ＋過去形(be 動詞は通常 were)

「もう〜する絶好の時だ」

It is high time we went abroad.
(もう私達が外国に行く絶好の時だ。)

第21章　話法（Narration）

　話法は、人が言ったことや考えたこと、感じたことなどを伝える際の表現の仕方のことだが、人が言ったことをそのまま伝える「**直接話法**」（Direct Narration）と人が言ったことを自分の言葉で伝える「**間接話法**」（Indirect Narration）の2種類がある。

1．話法の原則

(1) 伝達文の人称代名詞は、「直接話法」ではその言葉を言った本人の立場から決められ、「間接話法」では話し手の立場から見直される。

　「直接話法」　　They say, "<u>We</u> will help <u>you</u> if <u>we</u> can."
　　　　　　　　（「私達は出来れば君達を助けるつもりだ」と彼等は言っています。）

　「間接話法」　　They say (that) <u>they</u> will help <u>us</u> if <u>they</u> can.
　　　　　　　　（彼等は出来れば私達を助けるつもりだと言っています。）

　　　　　　　　　　　＊we → they、you → us にそれぞれ変わることに注意する。

　「直接話法」　　He <u>says to</u> me, "<u>I</u> like playing golf."
　　　　　　　　（彼は「私はゴルフをするのが好きだ。」と私に言っています。）

　「間接話法」　　He <u>tells</u> me that <u>he</u> likes playing golf.
　　　　　　　　（彼はゴルフをするのが好きだと私に言っています。）

　　　　　　　　　　　＊says to → tells、I → he にそれぞれ変わることに注意する。

　　　注意　① 人称は時間や話し手が異なれば変化する。
　　　　　　② **say to** という**伝達動詞句**は、「間接話法」では **tell** という**伝達動詞**に変わる。
　　　　　　③ 引用符（Quotation Marks）"……" は「……。」の代わりであると考える。
　　　　　　④ **that** は省略可能である。

第 21 章　話法

(2) 伝達動詞が過去時制の場合には、「直接話法」では時制の一致をうけず、「間接話法」では時制の一致をうける。

「直接話法」　　He **said to** me, " It **is** a good idea."
　　　　　　　（彼は私に「それは良い考えだ。」と言った。）

「間接話法」　　He **told** me that it **was** a good idea.
　　　　　　　　　↑─── 時制の一致 ───↑
　　　　　　　（彼は私にそれは良い考えだと言った。）
　　　　　　　　　＊said to → told、is → was にそれぞれ変わることに注意する。

「直接話法」　　Linda **said to** him, " **I** **will** see **you** at three o'clock."
　　　　　　　（リンダは彼に「3 時に会いましょう。」と言った。）

「間接話法」　　Linda **told** him that **she** **would** see **him** at three o'clock.
　　　　　　　　　↑─── 時制の一致 ───↑
　　　　　　　（リンダは彼に 3 時に会おうと言った。）
　　　　　　　　　＊said to → told、I → she、will → would、you → him に変わる。

(3) 指示語や「時」・「場所」などを表す語(句)の転換

直接話法	間接話法
this	that,　it
these	those
here	there,　in that place
now	then
ago	before,　previous,　previously
today	that day,　the same day
tomorrow	the next day, the following day, the day after
yesterday	the day before,　the previous day
day after tomorrow	in two days' time
the day before yesterday	two days before
next	the next 〜, the following 〜, the 〜 after
last	the previous 〜,　the 〜 before

214

第 21 章　話法

2．「直接話法」から「間接話法」への転換の種類

(1) 伝達文が平叙文

$\Big\{$ The weather forecaster said, "It **will** be raining in most parts of the country."
（その気象予報士は「国内のほとんどの地域で雨が降るでしょう」と言った。）

　The weather forecaster said (<u>that</u>) it **would** be raining in most parts of the country."
（その気象予報士は国内のほとんどの地域で雨が降ると予測した。）

　　　She **said to** me, "**I have** a good idea."
　　　（「私には良い考えがある。」と彼女は私に言った。）

⇒　She **told** me **that she had** a good idea.
　　　（彼女は良い考えがあると私に言った。）

(2) 伝達文が疑問文

　　　伝達動詞句 say to は ask または inquire に替える。
　　　被伝達文の疑問文を間接疑問文にする。

　　　She **said to** me, "**Where does** he **live**?"
　　　（彼女は私に「彼はどこに住んでいるの？」と言った。）

⇒　She **asked** me **where** he **lived**.
　　　（彼女は私に彼がどこに住んでいるのかを尋ねた。）

　　　He **said to** me, "**Can I** use **this** computer?"
　　　（「私がこのコンピューターを使っても良いですか？」と彼は私に言った。）

⇒　He **asked** me **if (= whether)** he **could** use **that** computer.
　　　（彼は私にそのコンピューターを使っても良いかどうかを尋ねた。）

(3) 伝達文が命令文
  ① 伝達動詞句 say to　→　tell, order　　（命令の場合）
　　　　　　　　　　　→　ask, beg　　　（依頼の場合）
　　　　　　　　　　　→　advise　　　　（忠告の場合）

  ② 被伝達文の命令文を to 不定詞にする。否定文では to 不定詞の前に not を置く。
  ③ please がある場合には、please を省略して伝達動詞 ask, beg で表す。
  ④ 呼びかけの語は伝達動詞の間接目的語となり、冠詞 the をつける。

　　　The teacher **said**, "**Sit** down and keep quiet."
　　　（先生は「座って静かにしていなさい」と言った。）

 ⇒ The teacher **told us to sit** down and keep quiet.
　　　（先生は私達に座って静かにしているように言った。）

　　　The teacher **said**, "**Please sit** down and keep quiet."
　　　（先生は「どうぞ座って静かにしていて下さい」と言った。）

 ⇒ The teacher **asked us to sit** down and keep quiet.
　　　（先生は座って静かにしているように私達に頼んだ。）

　　　Susie **said to** her children, "**Don't be** noisy."
　　　（スージーは子供達に「騒がないで」と言った。）

 ⇒ Susie **told** her children **not to be** noisy.
　　　（スージーは子供達に騒がないように言った。）

(4) 伝達文が感嘆文
　　　how や **what** がある場合には、間接話法でもそのまま使い、**say** もそのまま使うのが一般的である。また、**very** や **really** などの強意の副詞を使って平叙文として表現することもある。間投詞がある場合には、**say** の代わりに **cry(out)**、**exclaim**、**thank**、**shout**、**sigh** などに変えて感嘆文の内容を表現することもある。

第21章　話法

He said, "**How** beautiful it is!"
(「何てそれは美しいのだろう。」と彼が言った。)

⇒ He said **how** beautiful it was.
(いかにそれが美しいのかを彼が語った。)

She said, "**What a lovely day!**"
(「何てすばらしい日なのでしょう。」と彼女が言った。)

⇒ She said <u>that</u> <u>it</u> <u>was</u> a <u>very</u> lovely day.
(とてもすばらしい日だと彼女が言った。)

"**How kind of you!**" she said.
(「何てあなたは親切なのでしょう。」と彼女が言った。)

⇒ **She thanked me for my kindness**.
(彼女は私の親切に対して私にお礼を言った。)

Stella said, "**Help!**"
(「助けて！」とステラが言った。)

⇒ Stella **cried out** for help.
(ステラは大声で助けを呼んだ。)

第22章　派生語(Derivative)

　接頭辞や接尾辞は、独立した単語の前後について、その後の意味や機能を変える働きがあり、その働きによって生まれたのが派生語である。接頭辞や接尾辞の働きによって、動詞や形容詞から名詞が形成されたり、名詞や形容詞から動詞が形成されたりなど、別の品詞に変わることがある。したがって、例外的に構成成分から予測不可能な派生語を除いて、接頭辞や接尾辞の意味が分かれば、それを含む派生語の意味を推測することができる。

Ⅰ．接尾辞(Suffixes)

1．名詞形を表す接尾辞をつけて名詞を作る

A．抽象名詞
(1) 動詞+接尾辞

①接尾辞-ment　　（状態・動作・結果・手段などの意）

achieve → achieve<u>ment</u>,	announce → announce<u>ment</u>,	appoint → appoint<u>ment</u>,
arrange → arrange<u>ment</u>,	conceal → conceal<u>ment</u>,	develop → develop<u>ment</u>,
employ → employ<u>ment</u>,	engage → engage<u>ment</u>,	enjoy → enjoy<u>ment</u>,
govern → govern<u>ment</u>,	improve → improve<u>ment</u>,	invest → invest<u>ment</u>,
manage → manage<u>ment</u>,	measure → measure<u>ment</u>,	move → move<u>ment</u>,
punish → punish<u>ment</u>,	require → require<u>ment</u>,	treat → treat<u>ment</u>

②接尾辞-ation　　（状態・動作・結果などの意）

consider → consider<u>ation</u>,	found → found<u>ation</u>,	inform → inform<u>ation</u>,
install → install<u>ation</u>,	relax → relax<u>ation</u>,	transport → transport<u>ation</u>
(e をとって ation をつける)	admire → admir<u>ation</u>,	converse → convers<u>ation</u>,
combine → combin<u>ation</u>,	examine → examin<u>ation</u>,	inspire → inspir<u>ation</u>,
invite → invit<u>ation</u>,	observe → observ<u>ation</u>,	prepare → prepar<u>ation</u>
(e をとって ion をつける)	associate → associ<u>ation</u>,	celebrate → celebr<u>ation</u>,
decorate → decor<u>ation</u>,	dictate → dict<u>ation</u>,	educate → educ<u>ation</u>,
evaluate → evalu<u>ation</u>,	frustrate → frustr<u>ation</u>,	graduate → gradu<u>ation</u>,
generate → gener<u>ation</u>,	hesitate → hesit<u>ation</u>,	imagine → imagin<u>ation</u>,
indicate → indic<u>ation</u>,	investigate → investig<u>ation</u>,	locate → loc<u>ation</u>,
operate → oper<u>ation</u>,	populate → popul<u>ation</u>,	relate → rel<u>ation</u>

第22章　派生語

③接尾辞 -tion/-ition　　（状態・行為・結果などの意）＊アクセントは直前の音節にある

(ion をつける)

act → ac<u>tion</u>,	adopt → adop<u>tion</u>,	affect → affec<u>tion</u>,
attract → attrac<u>tion</u>,	audit → audi<u>tion</u>,	collect → collec<u>tion</u>,
connect → connec<u>tion</u>,	construct → construc<u>tion</u>,	contradict → contradic<u>tion</u>,
convict → convic<u>tion</u>,	correct → correc<u>tion</u>,	corrupt → corrup<u>tion</u>,
digest → diges<u>tion</u>,	direct → direc<u>tion</u>,	distort → distor<u>tion</u>,
elect → elec<u>tion</u>,	erupt → erup<u>tion</u>,	exert → exer<u>tion</u>,
exhaust → exhaus<u>tion</u>,	exhibit → exhibi<u>tion</u>,	infect → infec<u>tion</u>,
inject → injec<u>tion</u>,	inspect → inspec<u>tion</u>,	instruct → instruc<u>tion</u>,
interrupt → interrup<u>tion</u>,	invent → inven<u>tion</u>,	object → objec<u>tion</u>,
obstruct → obstruc<u>tion</u>,	predict → predic<u>tion</u>,	prevent → preven<u>tion</u>,
prohibit → prohibi<u>tion</u>,	project → projec<u>tion</u>,	protect → protec<u>tion</u>,
react → reac<u>tion</u>,	reflect → reflec<u>tion</u>,	reject → rejec<u>tion</u>,
restrict → restric<u>tion</u>,	select → selec<u>tion</u>,	suggest → suggestion

(d をとって tion をつける)

attend → atten<u>tion</u>,	contend → conten<u>tion</u>,	intend → inten<u>tion</u>

(e をとって ion をつける)

anticipate → anticipa<u>tion</u>,	complete → comple<u>tion</u>,	constitute → constitu<u>tion</u>,
contribute → contribu<u>tion</u>,	devote → devo<u>tion</u>,	distribute → distribu<u>tion</u>,
execute → execu<u>tion</u>,	institute → institu<u>tion</u>,	pollute → pollu<u>tion</u>,
promote → promo<u>tion</u>,	prosecute → prosecu<u>tion</u>,	substitute → substitu<u>tion</u>

(e をとって tion をつける)

introduce → *introduc<u>tion</u>,	produce → *produc<u>tion</u>,	reduce → *reduc<u>tion</u>

＊発音に注意！

(e をとって ition をつける)

compete → compet<u>ition</u>,	compose → compos<u>ition</u>,	define → defin<u>ition</u>,
dispose → dispos<u>ition</u>,	expose → expos<u>ition</u>,	impose → impos<u>ition</u>,
oppose → oppos<u>ition</u>,	suppose → suppos<u>ition</u>,	transpose → transpos<u>ition</u>

(ition をつける)　　(n と e をとって tion をつける)　(z と e をとって tion をつける)

add → add<u>ition</u>	convince → convic<u>tion</u>	recognize → recogni<u>tion</u>

第22章　派生語

④接尾辞 -sion　　（動作・状態の意）

(d をとって sion をつける)
apprehend → apprehen<u>sion</u>,　comprehend → comprehen<u>sion</u>,　expand → expan<u>sion</u>,
extend → exten<u>sion</u>,　　suspend → suspen<u>sion</u>

(de をとって sion をつける)
collide → colli<u>sion</u>,　　conclude → conclu<u>sion</u>,　　decide → deci<u>sion</u>,
divide → divi<u>sion</u>,　　exclude → exclu<u>sion</u>,　　explode → explo<u>sion</u>,
include → inclu<u>sion</u>,　　intrude → intru<u>sion</u>,　　invade → inva<u>sion</u>,
persuade → persua<u>sion</u>,　provide → provi<u>sion</u>,　　subdivide → subdivi<u>sion</u>

(t をとって sion をつける)　convert → conver<u>sion</u>

(e をとって ion をつける)
confuse → confu<u>sion</u>,　　revise → revi<u>sion</u>,　　tense → ten<u>sion</u>

⑤接尾辞 -ance　　（性質・行為の意）

accept → accept<u>ance</u>,　accord → accord<u>ance</u>,　acquaint → acquaint<u>ance</u>,
allow → allow<u>ance</u>,　annoy → annoy<u>ance</u>,　appear → appear<u>ance</u>,
assist → assist<u>ance</u>,　attend → attend<u>ance</u>,　avoid → avoid<u>ance</u>,
convey → convey<u>ance</u>,　disturb → disturb<u>ance</u>,　inherit → inherit<u>ance</u>,
perform → perform<u>ance</u>,　resist → resist<u>ance</u>,　utter → utter<u>ance</u>

(e をとって ance をつける)
assure → assur<u>ance</u>,　endure → endur<u>ance</u>,　guide → guid<u>ance</u>,
ignore → ignor<u>ance</u>,　insure → insur<u>ance</u>,　resemble → resembl<u>ance</u>

(特殊な変化)　　　　　enter → entr<u>ance</u>,　hinder → hindr<u>ance</u>,
maintain → mainten<u>ance</u>,　remember → remembr<u>ance</u>,　tolerate → toler<u>ance</u>

⑥接尾辞 -th

grow → grow<u>th</u>　　　　（特殊な変化）die → *dea<u>th</u>

(e をとる) bathe → *ba<u>th</u>,　breathe → *brea<u>th</u>　　　　　　　　*発音に注意！

第22章　派生語

⑦接尾辞-al　　　（～の行為を表す）

betray → betray<u>al</u>,	dismiss → dismiss<u>al</u>,	renew → renew<u>al</u>,
sign → *sign<u>al</u>,	withdraw → withdraw<u>al</u>	*発音に注意！

(e をとって al をつける)

appraise → apprais<u>al</u>,	approve → approv<u>al</u>,	arrive → arriv<u>al</u>,
dispose → dispos<u>al</u>,	propose → propos<u>al</u>,	recite → recit<u>al</u>,
refuse → refus<u>al</u>,	rehearse → rehears<u>al</u>,	remove → remov<u>al</u>,
revive → reviv<u>al</u>,	survive → surviv<u>al</u>,	upheave → upheav<u>al</u>

(y を i にかえて al をつける)

bury → buri<u>al</u>,	deny → deni<u>al</u>,	try → tri<u>al</u>

⑧接尾辞-ing　　　（動作やその結果、集合などの意）

bowl → bowl<u>ing</u>,	box → box<u>ing</u>,	build → build<u>ing</u>,
clean → clean<u>ing</u>,	feel → feel<u>ing</u>,	fight → fight<u>ing</u>,
gather → gather<u>ing</u>,	learn → learn<u>ing</u>,	meet → meet<u>ing</u>,
paint → paint<u>ing</u>,	say → say<u>ing</u>,	stretch → stretch<u>ing</u>,
surf → surf<u>ing</u>,	teach → teach<u>ing</u>,	train → train<u>ing</u>

(e をとって ing をつける)

dance → danc<u>ing</u>,	drive → driv<u>ing</u>,	fence → fenc<u>ing</u>,
hike → hik<u>ing</u>,	recycle → recycl<u>ing</u>,	save → sav<u>ing</u>,
smoke → smok<u>ing</u>,	wrestle → wrestl<u>ing</u>	

(最後の子音をダブらせて ing をつける)

jog → jog<u>g</u><u>ing</u>,	run → run<u>n</u><u>ing</u>,	set → set<u>t</u><u>ing</u>

(2) 形容詞+接尾辞

①接尾辞-acy　　　（性質・状態などの意）

(te をとって cy をつける)

accurate → accur<u>acy</u>,	delicate → delic<u>acy</u>,	intimate → intim<u>acy</u>,
private → priv<u>acy</u>		

(tic をとって cy をつける)　democratic → democr<u>acy</u>

221

第22章 派生語

②接尾辞-ance　　　（性質・行為などの意）

(t をとって ce をつける)
abundant → abund<u>ance</u>,　　arrogant → arrog<u>ance</u>,　　brilliant → brilli<u>ance</u>,
distant → dist<u>ance</u>,　　elegant → eleg<u>ance</u>,　　important → import<u>ance</u>

③接尾辞-ence　　　（行為・状態・特質などの意）

(t をとって ce をつける)
absent → abs<u>ence</u>,　　confident → confid<u>ence</u>,　　dependent → depend<u>ence</u>,
different → differ<u>ence</u>,　　diligent → dilig<u>ence</u>,　　emergent → emerg<u>ence</u>,
intelligent → intellig<u>ence</u>,　　silent → sil<u>ence</u>,　　violent → viol<u>ence</u>

④接尾辞-dom　　　（状態などの意）

free → free<u>dom</u>　　（e をとって dom をつける）　　wise → wis<u>dom</u>

⑤接尾辞-hood　　　（性質・状態・身分・職業などの意）

false → false<u>hood</u>　　（y を i にして hood をつける）　　likely → likeli<u>hood</u>

⑥接尾辞-ism　　　（主義・学説・行為・状態・特質などの意）

colonial → colonial<u>ism</u>,　　human → human<u>ism</u>,　　ideal → ideal<u>ism</u>,
individual → individual<u>ism</u>,　　liberal → liberal<u>ism</u>,　　material → material<u>ism</u>,
national → national<u>ism</u>,　　real → real<u>ism</u>,　　romantic → romantic<u>ism</u>,
skeptic → skeptic<u>ism</u>,　　social → social<u>ism</u>,　　spiritual → spiritual<u>ism</u>

⑦接尾辞-ty　　　（性質・状態などの意）

certain → certain<u>ty</u>,　　cruel → cruel<u>ty</u>,　　loyal → loyal<u>ty</u>,
novel → novel<u>ty</u>,　　safe → safe<u>ty</u>,　　special → special<u>ty</u>,
subtle → subtle<u>ty</u>

(y をつける)
difficult → difficult<u>y</u>,　　honest → honest<u>y</u>,　　modest → modest<u>y</u>

第22章 派生語

⑧接尾辞 -ness　　（性質・状態・程度・行為などの意）

active → active<u>ness</u>,	aware → aware<u>ness</u>,	awkward → awkward<u>ness</u>,
bad → bad<u>ness</u>,	blind → blind<u>ness</u>,	bold → bold<u>ness</u>,
bright → bright<u>ness</u>,	careful → careful<u>ness</u>,	clever → clever<u>ness</u>,
conscious → conscious<u>ness</u>,	dark → dark<u>ness</u>,	dry → dry<u>ness</u>,
dull → dull<u>ness</u>,	eager → eager<u>ness</u>,	fit → fit<u>ness</u>,
fond → fond<u>ness</u>,	gentle → gentle<u>ness</u>,	good → good<u>ness</u>,
great → great<u>ness</u>,	hot → hot<u>ness</u>,	humble → humble<u>ness</u>,
ill → ill<u>ness</u>,	kind → kind<u>ness</u>,	loud → loud<u>ness</u>,
nervous → nervous<u>ness</u>,	polite → polite<u>ness</u>,	rude → rude<u>ness</u>,
sad → sad<u>ness</u>,	shy → shy<u>ness</u>,	sick → sick<u>ness</u>,
tough → tough<u>ness</u>,	tired → tired<u>ness</u>,	wet → wet<u>ness</u>

（y を i にして ness をつける）

busy → bus<u>iness</u>,	clumsy → clums<u>iness</u>,	friendly → friendl<u>iness</u>,
happy → happ<u>iness</u>,	lazy → laz<u>iness</u>,	likely → likel<u>iness</u>,
lively → livel<u>iness</u>,	lonely → lonel<u>iness</u>,	lovely → lovel<u>iness</u>,
pretty → prett<u>iness</u>,	ready → read<u>iness</u>,	silly → sill<u>iness</u>

⑨接尾辞 -ity　　（性質・状態・程度などの意）

absurd → absurd<u>ity</u>,	actual → actual<u>ity</u>,	artificial → artificial<u>ity</u>,
brutal → brutal<u>ity</u>,	complex → complex<u>ity</u>,	equal → equal<u>ity</u>,
familiar → familiar<u>ity</u>,	formal → formal<u>ity</u>,	human → human<u>ity</u>,
humid → humid<u>ity</u>,	inferior → inferior<u>ity</u>,	major → *major<u>ity</u>,
minor → minor<u>ity</u>,	municipal → municipal<u>ity</u>,	national → national<u>ity</u>,
odd → odd<u>ity</u>,	original → original<u>ity</u>,	personal → personal<u>ity</u>,
popular → popular<u>ity</u>,	practical → practical<u>ity</u>,	prior → prior<u>ity</u>,
public → public<u>ity</u>,	rapid → rapid<u>ity</u>,	real → real<u>ity</u>,
regular → regular<u>ity</u>,	senior → senior<u>ity</u>,	similar → similar<u>ity</u>,
stupid → stupid<u>ity</u>,	superior → superior<u>ity</u>,	vital → vital<u>ity</u>

*発音に注意！

（e をとって ity をつける）

dense → dens<u>ity</u>,	diverse → divers<u>ity</u>,	intense → intens<u>ity</u>,
mature → matur<u>ity</u>,	obese → obes<u>ity</u>,	obscure → obscur<u>ity</u>,
pure → pur<u>ity</u>,	secure → secur<u>ity</u>,	sincere → sincer<u>ity</u>

第22章　派生語

(u をとって ity をつける)

curious → curios<u>ity</u>,　　　generous → generos<u>ity</u>

(-ble を -bil にして -ity をつける)

able → abi<u>lity</u>,　　　acceptable → acceptabi<u>lity</u>,　accountable → accountabi<u>lity</u>,
adaptable → adaptabi<u>lity</u>,　available → availabi<u>lity</u>,　capable → capabi<u>lity</u>,
credible → credibi<u>lity</u>,　　flexible → flexibi<u>lity</u>,　　mobile → *mobi<u>lity</u>,
noble → nobi<u>lity</u>,　　　probable → probabi<u>lity</u>,　possible → possibi<u>lity</u>,
responsible → responsibi<u>lity</u>,　stable → *stabi<u>lity</u>,　sustainable → sustainability

*発音に注意！

(3) 名詞+接尾辞

①接尾辞-ship　　　　（地位・役職(の期間)・才能・集団・関係・感情などの意）

acquaintance → acquaintance<u>ship</u>,　author → author<u>ship</u>,　battle → battle<u>ship</u>,
captain → captain<u>ship</u>,　　censor → censor<u>ship</u>,　　chairman → chairman<u>ship</u>,
champion → champion<u>ship</u>,　citizen → citizen<u>ship</u>,　clerk → clerk<u>ship</u>,
companion → companion<u>ship</u>,　craftsman → craftsman<u>ship</u>,　editor → editor<u>ship</u>,
fellow → fellow<u>ship</u>,　　　friend → friend<u>ship</u>,　　intern → intern<u>ship</u>,
leader → leader<u>ship</u>,　　　lord → lord<u>ship</u>,　　　member → member<u>ship</u>,
musician → musician<u>ship</u>,　owner → owner<u>ship</u>,　　reader → reader<u>ship</u>,
relation → relation<u>ship</u>,　　partner → partner<u>ship</u>,　penman → penman<u>ship</u>,
professor → professor<u>ship</u>,　scholar → scholar<u>ship</u>,　student → student<u>ship</u>,
town → town<u>ship</u>,　　　　war → war<u>ship</u>,　　　　workman → workman<u>ship</u>

②接尾辞-hood　　　　（性質・状態・集団などの意）

adult → adult<u>hood</u>,　　　baby → baby<u>hood</u>,　　　bachelor → bachelor<u>hood</u>,
boy → boy<u>hood</u>,　　　　brother → brother<u>hood</u>,　child → child<u>hood</u>,
daughter → daughter<u>hood</u>,　father → father<u>hood</u>,　　girl → girl<u>hood</u>,
knight → knight<u>hood</u>,　　man → man<u>hood</u>,　　　mother → mother<u>hood</u>,
neighbor → neighbor<u>hood</u>,　parent → parent<u>hood</u>,　priest → priest<u>hood</u>,
sister → sister<u>hood</u>,　　　woman → woman<u>hood</u>

第22章 派生語

B. 人を表す名詞（～する人）
(1) 動詞＋接尾辞

①接尾辞-er　　（「～する人」の意）

bank__er__	box__er__	build__er__	call__er__	catch__er__	climb__er__	deal__er__
design__er__	develop__er__	employ__er__	entertain__er__	found__er__	hunt__er__	interview__er__
keep__er__	lead__er__	learn__er__	murder__er__	paint__er__	perform__er__	play__er__
pray__er__	publish__er__	read__er__	review__er__	send__er__	sing__er__	ski__er__
speak__er__	support__er__	teach__er__	train__er__	wait__er__	walk__er__	work__er__

(e で終わる語には r のみをつける)

			advis__er__	announc__er__	bak__er__	caretak__er__
challeng__er__	commut__er__	compos__er__	consum__er__	din__er__	div__er__	driv__er__
examin__er__	explor__er__	jok__er__	lectur__er__	los__er__	lov__er__	mak__er__
manag__er__	observ__er__	organiz__er__	produc__er__	provid__er__	purchas__er__	rid__er__
ris__er__	rul__er__	settl__er__	skat__er__	trad__er__	us__er__	writ__er__

(最後の子音を重ねて er をつける)

babysit__ter__	begin__ner__	blog__ger__	dig__ger__	hit__ter__	hop__per__	jog__ger__
plan__ner__	rob__ber__	run__ner__	shop__per__	swim__mer__	trip__per__	win__ner__

②接尾辞-ee　　（～する人、～される人、～の状態にある人などの意）

absent__ee__	adopt__ee__	appoint__ee__	assign__ee__	attend__ee__	draft__ee__	employ__ee__
interview__ee__	pay__ee__	refer__ee__	return__ee__	train__ee__	trust__ee__	*nomin__ee__

*特殊な変化

(e をつける) divorc__ee__　　devot__ee__　　escap__ee__　　examin__ee__　　refug__ee__　　retir__ee__

③接尾辞-or　　（～する人の意）

act__or__	agitat__or__	audit__or__	collect__or__	conduct__or__	conquer__or__	counsel__or__
credit__or__	direct__or__	edit__or__	govern__or__	inspect__or__	instruct__or__	invent__or__
invest__or__	profess__or__	sail__or__	success__or__	tail__or__	vend__or__	visit__or__

(e をとって or をつける)

administrat__or__	communicat__or__	creat__or__	dictat__or__	educat__or__	narrat__or__
navigat__or__	negotiat__or__	operat__or__	supervis__or__	surviv__or__	translat__or__

第22章　派生語

④接尾辞-ant　　　（～する人の意）

account → accountant,	assist → assistant,	assail → assailant,
attend → attendant,	consult → consultant,	contest → contestant,
descend → descendant,	inhabit → inhabitant,	protest → protestant

（e をとって ant をつける）
observe → observant,　　serve → servant

（特殊な変化）
apply → applicant,　　emigrate → emigrant,　　immigrate → immigrant,
occupy → occupant,　　participate → participant

⑤接尾辞-ar　　　（～する人の意）

（特殊な変化）
beg → beggar,　　burgle → burglar,　　lie → liar,　　school → scholar

⑥接尾辞-ist　　　（～する人、携わる人、～の信奉者などの意）

（e をとって-ist をつける）　　cycle → cyclist

（y をとって-ist をつける）
accompany → accompanist,　　colony → colonist,　　monopoly → monopolist

(2) 形容詞+接尾辞

①接尾辞-er　　　（～する人の意）

foreigner　　　　　　　　　（r のみをつける）　stranger,　　teenager

②接尾辞-ist　　　（「～する人、～の専門家、～主義者」などの意）

leftist　　liberalist　　naturalist　　realist　　rightist　　specialist

（-e をとって-ist をつける）　　　　（-ne をとって-st をつける）
active → activist　　　　　　　　　feminine → feminist

(3) 名詞+接尾辞

① 接尾辞 -an　　　（「～する人、～の住人」の意）

| European | （n をつける） | African | American | Kenyan |

② 接尾辞 -ian　　　（～する人、～の住人、～の性質の人、～に精通する人などの意）

academician	clinician	guardian	magician	mathematician
musician	physician	politician	technician	
Brazilian	Christian	Egyptian	Iranian	

（n をつける）
| Arabian | Asian | Australian | Columbian | Indian |
| Indonesian | Russian | Yugoslavian | | |

（y を i にかえて an をつける）
comedy → comedian,　　history → historian,　　Italy → Italian,
library → librarian

（特殊な変化）
authority → authoritarian,　Belgium → Belgian,　　Canada → Canadian

③ 接尾辞 -eer　　　（「～する人、～を作る人」の意）

auction → auctioneer,	camel → cameleer,	cannon → cannoneer,
election → electioneer,	mountain → mountaineer,	pamphlet → pamphleteer,
profit → profiteer,	puppet → puppeteer	

（er をつける）
engine → engineer

④ 接尾辞 -ist　　（「～する人、～に携わる人、～の信奉者」などの意）

art<u>ist</u>	capital<u>ist</u>	cartoon<u>ist</u>	column<u>ist</u>	conservation<u>ist</u>
final<u>ist</u>	hobby<u>ist</u>	impression<u>ist</u>	journal<u>ist</u>	motor<u>ist</u>	novel<u>ist</u>
physic<u>ist</u>	reception<u>ist</u>	*solo<u>ist</u>	tour<u>ist</u>	violin<u>ist</u>

＊日本語で「ソリスト」と発音されているのはフランス語の"soliste"からきている

(e をとって -ist をつける)
*alp<u>ist</u>,　　　　　　　*Alpine → Alpinist と大文字で表されることもある。
machine → mach<u>ist</u>,　　race → rac<u>ist</u>,　　　　　　type → typ<u>ist</u>

(o をとって -ist をつける)　　　　　(ce をとって -tist をつける)
piano → pian<u>ist</u>　　　　　　　　science → scien<u>tist</u>

(y をとって -ist をつける)
anthropology → anthropolog<u>ist</u>,　biology → biolog<u>ist</u>,　ecology → ecolog<u>ist</u>,
economy → econom<u>ist</u>,　　pharmacy → pharmac<u>ist</u>,　psychology → psycholog<u>ist</u>,
sociology → sociolog<u>ist</u>,　technology → technolog<u>ist</u>,　zoology → zoolog<u>ist</u>

２．形容詞形を表す接尾辞をつけて形容詞を作る

(1) 名詞+接尾辞

① 接尾辞 -able　　（「～できる、～に適した、～を好む、～を有する」などの意）

comfort → comfort<u>able</u>,	fashion → fashion<u>able</u>,	favor → favor<u>able</u>,
honor → honor<u>able</u>,	knowledge → knowledge<u>able</u>,	peace → peace<u>able</u>,
profit → profit<u>able</u>,	reason → reason<u>able</u>

＊語尾の子音が「s, d, g」で終わる場合にはそのまま able をつける

(e をとって -able をつける)
desire → desir<u>able</u>,　　　　value → valu<u>able</u>

＊「子音＋e」で終わる語の場合には e は脱落する

第22章 派生語

②接尾辞-al　　（「〜の性質」の意）

accident → accidental,　addition → additional,　condition → conditional,
constitution → constitutional,　continent → continental,　convention → conventional,
conversation → conversational,　education → educational,　emotion → emotional,
exception → exceptional,　experiment → experimental,　form → formal,
nation → national,　　norm → normal,　　occasion → occasional,
option → optional,　　origin → original,　　ornament → ornamental,
person → personal,　　post → postal,　　profession → professional,
proportion → proportional,　ration → rational,　　region → regional,
season → seasonal,　　sensation → sensational,　sentiment → sentimental,
sign → *signal,　　　tradition → traditional,　verb → verbal

　　　　　　　　　　　　　　　　　　　　　　　　　　　　*発音に注意！

(e をとって-al をつける)
agriculture → agricultural,　bride → bridal,　　brute → brutal,
culture → cultural,　　fate → fatal,　　globe → global,
nature → natural,　　phrase → phrasal,　universe → universal

③接尾辞-ical　　（「〜の、〜的な、〜に関する」などの意）

(-al をつける)
clinic → clinical,　comic → comical,　critic → critical,　hysteric → hysterical,
logic → logical,　　magic → magical,　music → musical,　physic → physical

(e をとって-al をつける)　(s をとって-al をつける)　(e をとって-ical をつける)
practice → practical　　politics → political　　type → typical

(y をとって-ical をつける)　biology → biological,　botany → botanical,
category → categorical,　economy → economical,　history → historical,
psychology → psychological,　technology → technological,　zoology → zoological

④ 接尾辞-ate　　（「〜のある」などの意）

affection → affectionate,　carbon → carbonate,　compassion → compassionate,
passion → passionate

(e をとって-ate をつける)　fortune → fortunate

第 22 章　派生語

⑤ 接尾辞 -ful　　　（「〜に満ちた、〜の性質がある」などの意）

care → care<u>ful</u>,	cheer → cheer<u>ful</u>,	color → color<u>ful</u>,
doubt → doubt<u>ful</u>,	event → event<u>ful</u>,	faith → faith<u>ful</u>,
hand → hand<u>ful</u>,	harm → harm<u>ful</u>,	hope → hope<u>ful</u>,
joy → joy<u>ful</u>,	meaning → meaning<u>ful</u>,	pain → pain<u>ful</u>,
peace → peace<u>ful</u>,	power → power<u>ful</u>,	shame → shame<u>ful</u>,
sorrow → sorrow<u>ful</u>,	spoon → spoon<u>ful</u>,	stress → stress<u>ful</u>,
truth → truth<u>ful</u>,	use → use<u>ful</u>,	wonder → wonder<u>ful</u>

⑥ 接尾辞 -ed　　　（「〜を持った、〜を備えた」などの意）

arm → arm<u>ed</u>,	beard → beard<u>ed</u>,	honey → honey<u>ed</u>,
sight → sight<u>ed</u>,	talent → talent<u>ed</u>,	wing → wing<u>ed</u>

(-d をつける)

age → ag<u>ed</u>,	disease → diseas<u>ed</u>,	privilege → privileg<u>ed</u>

⑦ 接尾辞 -less　　　（「〜に及ばない、〜のない」などの意）

breath → breath<u>less</u>,	care → care<u>less</u>,	child → child<u>less</u>,
doubt → doubt<u>less</u>,	end → end<u>less</u>,	harm → harm<u>less</u>,
home → home<u>less</u>,	hope → hope<u>less</u>,	meaning → meaning<u>less</u>,
pain → pain<u>less</u>,	point → point<u>less</u>,	price → price<u>less</u>,
self → self<u>less</u>,	shame → shame<u>less</u>,	spot → spot<u>less</u>,
stain → stain<u>less</u>,	use → use<u>less</u>,	worth → worth<u>less</u>

⑧ 接尾辞 -ly　　　（「〜の間隔で繰り返し起こる、〜のような、〜らしい」などの意）

hour → hour<u>ly</u>,	week → week<u>ly</u>,	month → month<u>ly</u>,	year → year<u>ly</u>,
time → time<u>ly</u>,	night → night<u>ly</u>,	man → man<u>ly</u>,	woman → woman<u>ly</u>,
father → father<u>ly</u>,	mother → mother<u>ly</u>,	brother → brother<u>ly</u>,	sister → sister<u>ly</u>,
coward → coward<u>ly</u>,	friend → friend<u>ly</u>,	scholar → scholar<u>ly</u>,	
earth → earth<u>ly</u>,	heaven → heaven<u>ly</u>,	world → world<u>ly</u>	

(-y をつける)	(e をとって -y をつける)	(y を i に変えて -ly をつける)
chill → chil<u>ly</u>	bubble → bubb<u>ly</u>	day → dai<u>ly</u>

第22章 派生語

⑨ 接尾辞-ous　　（「～の多い、～に富む、～の特徴がある」などの意）

advantage → advantage<u>ous</u>,	courage → courage<u>ous</u>,	danger → danger<u>ous</u>,
humor → humor<u>ous</u>,	joy → joy<u>ous</u>,	marvel → marvel<u>ous</u>,
mountain → mountain<u>ous</u>,	poison → poison<u>ous</u>,	scandal → scandal<u>ous</u>

（e をとって-ous をつける）

adventure → adventur<u>ous</u>,	fame → fam<u>ous</u>,	nerve → nerv<u>ous</u>

（n をとって-us をつける）

	ambition → ambiti<u>ous</u>,	caution → cauti<u>ous</u>,
nutrition → nutriti<u>ous</u>,	religion → religi<u>ous</u>,	suspicion → suspici<u>ous</u>

⑩ 接尾辞-ive　　（「～の性質を持つ、～の傾向がある」などの意）

contrast → contrast<u>ive</u>,	effect → effect<u>ive</u>,	mass → mass<u>ive</u>,
object → object<u>ive</u>,	product → product<u>ive</u>,	progress → progress<u>ive</u>,
prospect → prospect<u>ive</u>,	sport → sport<u>ive</u>,	subject → subject<u>ive</u>

（on をとって-ve をつける）

election → elect<u>ive</u>,	passion → pass<u>ive</u>,	position → posit<u>ive</u>

⑪ 接尾辞-some　　（「～に適する、～の傾向がある、～を引き起こす」などの意）

awe → awe<u>some</u>,	burden → burden<u>some</u>,	fear → fear<u>some</u>,
quarrel → quarrel<u>some</u>,	trouble → trouble<u>some</u>	

(2) 動詞+接尾辞

① 接尾辞-able　　（「～できる、～に適した、～を好む」などの意）

accept → accept<u>able</u>,	adapt → adapt<u>able</u>,	adjust → adjust<u>able</u>,
agree → agree<u>able</u>,	avail → avail<u>able</u>,	avoid → avoid<u>able</u>,
change →*change<u>able</u>,	consider → consider<u>able</u>,	count → count<u>able</u>,
drink → drink<u>able</u>,	eat → eat<u>able</u>,	enjoy → enjoy<u>able</u>,
manage → manage<u>able</u>,	notice → notice<u>able</u>,	prefer → prefer<u>able</u>,
read → read<u>able</u>,	respect → respect<u>able</u>,	suit → suit<u>able</u>,
sustain → sustain<u>able</u>,	understand → understand<u>able</u>,	wash → wash<u>able</u>,
work → work<u>able</u>		

*e の前に c や g が来る場合には e はそのままである

第 22 章　派生語

（e をとって -able をつける）		*「子音＋e」の語尾で e が無音の場合に e は脱落する。
achieve → achievable,	admire → admirable,	adore → adorable,
advise → advisable,	believe → believable,	debate → debatable,
move → movable,	remove → removable,	use → usable

②接尾辞 -ible　　（「～できる、～が可能な」などの意）

access → accessible,	digest → digestible,	flex → flexible

③接尾辞 -ent　　（性質・状態などを表す）

consist → consistent,	depend → dependent,	differ → different,
exist → existent,	insist → insistent,	persist → persistent

（-nt をつける）

compete → competent,	precede → precedent,	urge → urgent

④ 接尾辞 -ive　　（「～の性質を持つ、～の傾向がある」などの意）

act → active,	attract → attractive,	collect → collective,
elect → elective,	impress → impressive,	instruct → instructive,
protect → protective,	reflect → reflective,	select → selective

（e をとって -ive をつける）	*発音に注意！	（e をとって -tive をつける）
create → creative,	decorate → *decorative	produce → *productive,

3．動詞形を表す接尾辞をつけて動詞を作る

①接尾辞 -ate　　（「～させる、～のある」などの意）

accommodate	activate	animate	appreciate	associate	calculate
celebrate	circulate	complicate	concentrate	create	cultivate
dictate	dominate	educate	elevate	evaluate	evaporate
facilitate	generate	graduate	hesitate	imitate	indicate
irritate	isolate	negotiate	nominate	operate	originate
regulate	relate	separate	stimulate	terminate	translate

第22章　派生語

②接尾辞-en　　　形容詞や名詞につけて（「～になる、～する」などの意）

形容詞＋接尾辞-en

black → black<u>en</u>,	bright → bright<u>en</u>,	broad → broad<u>en</u>,
cheap → cheap<u>en</u>,	dark → dark<u>en</u>,	deaf → deaf<u>en</u>,
deep → deep<u>en</u>,	hard → hard<u>en</u>,	less → less<u>en</u>,
moist → *moist<u>en</u>,	quick → quick<u>en</u>,	sharp → sharp<u>en</u>,
short → short<u>en</u>,	sick → sick<u>en</u>,	soft → soft<u>en</u>,
stiff → stiff<u>en</u>,	straight → straight<u>en</u>,	thick → thick<u>en</u>,
tight → tight<u>en</u>,	weak → weak<u>en</u>	*発音に注意!
(-n をつける)	awake → awake<u>n</u>,	loose → loose<u>n</u>,
ripe → rip<u>en</u>,	white → white<u>n</u>,	wide → wide<u>n</u>,
（最後の子音をだぶらせて-en を付ける）	red → red<u>den</u>,	sad → sad<u>den</u>

名詞＋接尾辞-en

	fright → fright<u>en</u>,	haste → hast<u>en</u>,
length → length<u>en</u>,	strength → strength<u>en</u>,	threat → threat<u>en</u>

③接尾辞- fy/ ify　　子音の後に付く

beaut<u>ify</u>	cert<u>ify</u>	clar<u>ify</u>	class<u>ify</u>	ident<u>ify</u>	just<u>ify</u>
magn<u>ify</u>	pur<u>ify</u>	satis<u>fy</u>	sign<u>ify</u>	simpl<u>ify</u>	spec<u>ify</u>

④ 接尾辞-ise/ize　　　　*イギリス英語では-ise が使われることが多い。

advert<u>ise</u>	American<u>ize</u>	apolog<u>ize</u>	civil<u>ize</u>	computer<u>ize</u>
critic<u>ize</u>	custom<u>ize</u>	empha<u>size</u>	hospital<u>ize</u>	memor<u>ize</u>
orga<u>nize</u>	real<u>ize</u>	recog<u>nize</u>	special<u>ize</u>	util<u>ize</u>	vapor<u>ize</u>

⑤ 接尾辞-ish

abol<u>ish</u>	accomp<u>lish</u>	aston<u>ish</u>	ban<u>ish</u>	dimin<u>ish</u>
disting<u>uish</u>	estab<u>lish</u>	exting<u>uish</u>	fin<u>ish</u>	impover<u>ish</u>
nour<u>ish</u>	pub<u>lish</u>	pun<u>ish</u>	van<u>ish</u>	vanqu<u>ish</u>

⑥ 尾辞-ite

b<u>ite</u>	c<u>ite</u>	exc<u>ite</u>	exped<u>ite</u>	inv<u>ite</u>	rec<u>ite</u>	un<u>ite</u>

第22章　派生語

Ⅱ．接頭辞(Prefixes)
(1) 動詞を作る接頭辞

①接頭辞 en-

動詞+接頭辞			
close → enclose,	*lighten → enlighten,		
*liven → enliven,	wrap → enwrap		*接尾辞が付加されている

形容詞+接頭辞			
able → enable,	large → enlarge,	rich → enrich,	sure → ensure

名詞+接頭辞			
circle → encircle,	code → encode,	courage → encourage,	danger → endanger,
force → enforce,	joy → enjoy,	slave → enslave,	throne → enthrone

②接頭辞 be-

形容詞+接頭辞		
calm → becalm,	foul → befoul,	little → belittle

名詞+接頭辞		
cloud → becloud,	devil → bedevil,	fog → befog,
friend → befriend,	jewel → bejewel,	witch → bewitch

(2) 「否定(=not)」の意味を表す接頭辞

①接頭辞 un-

動詞			
	cover → uncover,	do → undo,	dress → undress,
load → unload,	lock → unlock,	pack → unpack,	
plug → unplug,	veil → unveil,	tie → untie	

形容詞			
	able → unable,	acceptable → unacceptable,	aware → unaware,
certain → uncertain,	clear → unclear,	employed → unemployed,	
fair → unfair,	fit → unfit,	fortunate → unfortunate,	
happy → unhappy,	healthy → unhealthy,	important → unimportant,	
interested → uninterested,	kind → unkind,	lucky → unlucky,	
popular → unpopular,	safe → unsafe,	tidy → untidy,	
usual → unusual,	willing → unwilling,	wise → unwise	

第22章　派生語

②接頭辞 dis-　　　（「～がない」という分離の意）

動詞

agree → disagree,　　　allow → disallow,　　　appear → disappear,
approve → disapprove,　　arm → disarm,　　　charge → discharge,
connect → disconnect,　　continue → discontinue,　count → discount,
cover → discover,　　　like → dislike,　　　mount → dismount,
obey → disobey,　　　please → displease,　　qualify → disqualify,
solve → dissolve,　　　unite → disunite,　　　use → disuse

形容詞

honest → dishonest,　　loyal → disloyal,　　　satisfied → dissatisfied

名詞

advantage → disadvantage,　agreement → disagreement,　approval → disapproval,
comfort → discomfort,　　ease → disease,　　　grace → disgrace,
honesty → dishonesty,　　honor → dishonor,　　order → disorder,
proportion → disproportion, satisfaction → dissatisfaction, unity → disunity

③接頭辞 in-

形容詞

accurate → inaccurate,　　active → inactive,　　adequate → inadequate,
appropriate → inappropriate, capable → incapable,　competent → incompetent,
complete → incomplete,　　consistent → inconsistent,　convenient → inconvenient,
correct → incorrect,　　credible → incredible,　dependent → independent,
direct → indirect,　　　effective → ineffective,　efficient → inefficient,
elegant → inelegant,　　exact → inexact,　　　expensive → inexpensive,
finite → infinite,　　　flexible → inflexible,　formal → informal,
frequent → infrequent,　　human → inhuman,　　organic → inorganic,
sane → insane,　　　sensitive → insensitive,　significant → insignificant,
sincere → insincere,　　sufficient → insufficient,　tolerant → intolerant,
valid → invalid,　　　visible → invisible,　　voluntary → involuntary

名詞

ability → inability,　　justice → injustice,　　attention → inattention

第 22 章　派生語

④接頭辞 im-　　（in- の変化形）　　　　　[b　m　p] で始まる語の頭に付く

形容詞

mature → immature,	mobile → immobile,	modest → immodest,
moral → immoral,	mortal → immortal,	patient → impatient,
perfect → imperfect,	personal → impersonal,	polite → impolite,
possible → impossible,	practical → impractical,	precise → imprecise,
probable → improbable,	proper → improper,	pure → impure

⑤接頭辞 ir-　　（in- の変化形）　　　　　[r] で始まる語の頭に付く

形容詞

rational → irrational,	recoverable → irrecoverable,	regular → irregular,
relevant → irrelevant,	religious → irreligious,	responsible → irresponsible

⑥接頭辞 il-　　（in- の変化形）　　　　　[l] で始まる語の頭に付く

形容詞

legal → illegal,	literate → illiterate,	logical → illogical

⑦接頭辞 non-　　消極的な否定で、in → un → non の順に否定の意味が弱くなる

形容詞

alcoholic → nonalcoholic,	aligned → nonaligned,	dairy → nondairy,
existent → nonexistent,	fat → nonfat,	flexible → nonflexible,
organic → nonorganic,	scientific → nonscientific,	standard → nonstandard,
stick → nonstick,	verbal → nonverbal,	violent → nonviolent

形容詞/名詞

nuclear → nonnuclear,	stop → nonstop,	*taxable → nontaxable

＊ taxable は形容詞だが、nontaxable は形容詞と名詞の両方の働きをする

名詞

fiction → nonfiction,	member → nonmember,	metal → nonmetal,
sense → nonsense,	smoking → nonsmoking,	profit → nonprofit

第22章 派生語

(3) 「反対語」を作る接頭辞

①接頭辞 anti-

形容詞

biotic → *antibiotic,　　colonial → anticolonial,　　social → antisocial

　　　　　　　　　　　*biotic は形容詞であるが、antibiotic は形容詞と名詞の両方の働きをする

名詞

body → antibody,　　　climax → anticlimax,　　friction → antifriction,
hero → antihero,　　　slavery → antislavery,　　toxic → antitoxic

形容詞/名詞

nuclear → antinuclear,　　American → anti-American

形容詞/副詞

clockwise → *anticlockwise　*イギリス英語

②接頭辞 counter-

動詞/名詞

counteract,　　　counterattack,　　　counterbalance,　　　counterpurchase

形容詞　　　　　　　　　　　　　　　　**形容詞/副詞**

counteractive　　　　　　　　　　　　　*counterclockwise　　*アメリカ英語

名詞

countercharge,　　counterculture,　　counteroffer,　　counterpart,
counterpunch,　　counterrevolution,　　counterterrorism

③接頭辞 contra-

動詞　　　　　　　　　　　　　　　　**動詞/名詞**

contradict,　　　contravene　　　　　　contrast

形容詞/名詞

contrary

(4)「悪」の意味を表す接頭辞

①接頭辞 mis-

動詞

behave → misbehave, calculate → miscalculate, conduct → misconduct,
count → miscount, guide → misguide, inform → misinform,
interpret → misinterpret, judge → misjudge, lead → mislead,
read → misread, treat → mistreat, use → misuse

名詞

belief → misbelief, conception → misconception, fortune → misfortune,
government → misgovernment, understanding → misunderstanding

②接頭辞 mal/male-

形容詞

odorous → malodorous, nourished → malnourished

名詞

adjustment → maladjustment, nutrition → malnutrition, practice → malpractice

(5)「合同」の意味を表す接頭辞

①接頭辞 co-　　　母音や[h, gn, w]で始まる語の前に付く

動詞

exist → coexist, habit → cohabit, operate → cooperate

名詞

author → coauthor, editor → coeditor, education → coeducation,
incidence → coincidence, operation → cooperation, worker → coworker

②接頭辞 col-　　　通常 [l]で始まる語の前に付く

動詞		名詞	
collect	collide	colleague	college

第22章 派生語

③ 接頭辞 com-　　　[b　m　p]で始まる語の頭に付く

動詞
combine　　commence　　commit　　communicate　　compare　　compel
compete　　comply　　compose

名詞
combination　　commerce　　community　　companion　　computer

動詞/名詞
comment　　company　　compass　　compliment　　comprise　　compromise

動詞/形容詞/名詞	形容詞/名詞
complex　　　compound	common

④ 接頭辞 cor-　　　通常[r]で始まる語の前に付く

動詞
correlate　　correspond　　corrupt

⑤ 接頭辞 con-　　　その他で始まる語の前に付く

動詞
conclude　　condense　　conduct　　convene　　convey

形容詞
convenient　　conventional

名詞
constitution　　convention　　conversation

動詞/名詞
conflict　　consent　　contract

(6)「再」の意味を表す接頭辞

①接頭辞 re-

動詞

affirm → reaffirm, appear → reappear, apply → reapply,
appoint → reappoint, arrange → rearrange, arm → rearm,
awaken → reawaken, bound → rebound, build → rebuild,
call → recall, confirm → reconfirm, cycle → recycle,
develop → redevelop, elect → reelect, focus → refocus,
form → reform, gain → regain, make → remake,
mind → remind, place → replace, play → replay,
start → restart, visit → revisit, write → rewrite

名詞

birth → rebirth, match → rematch, union → reunion

(7)「上、超」の意味を表す接頭辞

①接頭辞 extra-   形容詞の前に付く

形容詞

| extramural | extraordinary | extrasensory |
| extraspecial | extraterrestrial | extraterritorial |

②接頭辞 hyper-

形容詞

hyperacid   hyperactive   hypercritical   hypersensitive

名詞

hypercriticism   hyperinflation   hypermarket   hypertension

③接頭辞 out-

動詞

outbid	outdo	outgrow	outguess	outlast	outlive
outmatch	outnumber	outpace	outperform	outreach	outride
outrun	outshine	outvote	outweigh	outwit	outwork

第22章 派生語

形容詞		
outsize(d)	outstanding	outstretched

④ 接頭辞 over-

動詞				
overcharge	overcome	overdo	overeat	overestimate
overprotect	oversleep			

動詞/名詞				
overflow	overheat	overlap	overlook	override
overrun	overwork			

形容詞				
overcooked	overcrowded	overjoyed	overnight	overweight

名詞		
overexpansion	overinvestment	overview

⑤ 接頭辞 super-

動詞	
superimpose	supervise

形容詞				
superexcellent	superficial	superfine	superhuman	superlative
supernatural	supersensitive			

名詞				
superego	superhero	superman	supermarket	superpower
superstar	superstate	superstore	supervision	

形容詞/名詞
superintendent

⑥接頭辞 ultra-

形容詞

ultraconservative	ultrahigh	ultramodern	ultrapure
ultrashort	ultrasonic		

名詞

ultracharge	ultralight	ultraminiature	ultrasound

⑦接頭辞 up-

動詞/名詞　　　　　　　　　　　　　　　　　　　　　　　**形容詞**

upgrade	uplift	uprise	upsurge	upturn	upscale

名詞

upgrowth	upland	upside	upstairs	upswing	uptrend

(8) 「下」の意味を表す接頭辞

①接頭辞 de-

動詞

decline	decrease	deflate	degrade	depress
descend	desire	destroy		

②接頭辞 sub-

動詞

subdivide	subdue	submerge	submit	subserve

形容詞

subconscious	subnormal	subsidiary	substandard	subtropical

名詞

subcategory	subclass	subcommittee	subculture	subgroup
submarine	suborder	subsection	subsoil	substance
substitution	subtitle	subtotal	subway	subzero

③接頭辞 under-

[動詞]

undercut	underestimate	underlay	underline
undermine	underpin	undervalue	underwrite

[名詞]

underclothes	undercover	underdevelopment	undergraduate
underground	undergrowth	underpass	underworld

(9)「前」の意味を表す接頭辞

①接頭辞 pre-

[動詞]

prearrange	precede	preclude	precook	predate
predict	prefer	prepare	prepay	prevent

[形容詞]

preceding	preconscious	predawn	predetermined	predictive
prepaid	preparatory	prerequisite	previous	prewar

[名詞]

precaution	preconception	precondition	prehistory	preposition

②接頭辞 fore-

[動詞]

forego	foreknow	forerun	foresee	foreshow	foretell

[動詞/名詞]

forecast

[名詞]

forecourt	forefather	foreground	forehead	foreleg
forelock	forename	forepaw	foresight	foreword

(10)「後」の意味を表す接頭辞

①接頭辞 post-

動詞		名詞	形容詞/名詞
postdate	postpone	postscript	postmeridian

形容詞			
posterior	postgraduate	postmodern	postwar

②接頭辞 re-　　　　ラテン語系の語の前に付くことが多い

動詞						
recede	recognize	recollect	reduce	retire	retreat	return

動詞/名詞	recall

(11)「内」の意味を表す接頭辞

①接頭辞 in-

動詞				
include	incur	indicate	induce	infect
inhabit	inhale	inscribe	invade	involve

名詞			
income	inmate	inquiry	inspection

②接頭辞 im-　　(in- の変化形)　　　　　　　[b　m　p]で始まる語の頭に付く

動詞			
imbibe	immigrate	impose	impress

名詞	動詞/名詞
impression	import

第22章　派生語

③ 接頭辞 en-

動詞					
encase	enchain	enchant	enclose	encompass	encounter
encourage	endanger	enlarge	enlighten	enthrone	enwrap

④ 接頭辞 em-　　　　　　　　　　　　　　[b　m　p]で始まる語の頭に付く

動詞				
embark	embed	embrace	employ	empower

⑤ 接頭辞 inter-

動詞				
interfere	interject	interlay	interrupt	interview

形容詞			
interactive	intercontinental	internal	international

名詞				
interaction	intercity	intercom	interlude	internet
interphone	interval			

⑥ 接頭辞 intro-

動詞	
introduce	introvert

名詞		
introduction	introspection	introversion

(12)「外」の意味を表す接頭辞

①接頭辞 ex-

動詞						
exceed	excite	exclaim	exclude	exert	exhaust	expand
expect	expel	export	expose	express	extend	

形容詞　　　　　　　　　　　　名詞
exact　　　　　　　　　　　　　excursion　　exit

②接頭辞 ec-　　（ex- の変化形）

形容詞　　　eccentric　　ecstatic

③接頭辞 es-　　（ex- の変化形）

動詞　　　escape

④接頭辞 exo-

形容詞
exocentric　　exoteric　　exotic

名詞
exoskeleton　　exosphere

(13)「数・量」の意味を表す接頭辞

①接頭辞 semi-　　（半分の意）

形容詞			形容詞/名詞
semiannual	semiconscious	semiweekly	semifinal

名詞
semicircle　　semicolon　　semitone

第22章　派生語

②接頭辞 uni-　　　（1つの〜）

動詞			動詞/形容詞/名詞	
<u>uni</u>fy	<u>uni</u>te		<u>uni</u>form	

形容詞				
<u>uni</u>lateral	<u>uni</u>que			

名詞				
<u>uni</u>corn	<u>uni</u>cycle	<u>uni</u>formity	<u>uni</u>on	<u>uni</u>t
<u>uni</u>ty	<u>uni</u>verse	<u>uni</u>versity		

③連結形 mono-　　　（1つの〜）　　　*母音の前では mon-

形容詞				
<u>mono</u>cular	<u>mono</u>lingual	<u>mono</u>gamous	<u>mono</u>tonous	

名詞				
<u>mono</u>chrome	<u>mono</u>cycle	<u>mono</u>gamy	<u>mono</u>logue	<u>mono</u>mer
<u>mono</u>poly	<u>mono</u>rail	<u>mono</u>syllable	<u>mono</u>tone	

④接頭辞 bi-　　　（2つの〜）

形容詞				形容詞/名詞
<u>bi</u>annual	<u>bi</u>lateral	<u>bi</u>lingual	<u>bi</u>nocular	<u>bi</u>centennial

名詞				
<u>bi</u>cycle	<u>bi</u>gamy			

⑤接頭辞 tri-　　　（3つの〜）

動詞	形容詞			動詞/形容詞/名詞
<u>tri</u>sect	<u>tri</u>angular	<u>tri</u>lingual	<u>tri</u>vial	<u>tri</u>ple

名詞					
<u>tri</u>angle	<u>tri</u>cycle	<u>tri</u>nity	<u>tri</u>o	<u>tri</u>plet	<u>tri</u>pod

第22章　派生語

⑥連結形 multi-　　　（多くの〜、多数の〜）

形容詞

multichannel	multicolored	multidimensional	multidirectional
multifold	multiform	multilateral	multipurpose
multiple-choice	multiracial	multistage	multistory

名詞

multimillionaire　　multitude

形容詞/名詞

multilingual	multimedia	multinational	multiple

⑦接頭辞 poly-　　　（多数の〜、多量の〜）

形容詞/名詞

polychrome	polyglot	polynomial	polytechnic

名詞

polyclinic	polygon	polygraph	polyphony	polysyllable

Reference

Carter, R. & McCarthy, M. *Cambridge Grammar of English,* Cambridge University Press 2006

Cambridge Dictionary of American English, Cambridge University Press 2007

Hattori, T., Miura, H., Takeshita, Y. & Takaya, T., *English Companion New Edition,*

Hitotsubashi Shuppan 2002

Hornby, A.S., *Oxford Advanced Learner's Dictionary,* Oxford University Press 2005

Huddleston, R. & Pullum, G.K., *A Student's Introduction to English Grammar,*

Cambridge University Press 2005

Lea, D., *Oxford Learner's Thesaurus,* Oxford University Press 2007

Shinclair, J., *Collins COBUILD English Language Dictionary,* Collins ELT.

Swan, M., *Introduction to Language Study: Grammar,* Oxford University Press 2009

索引

《英語》

[A]

a	38
a bit	180
a few	57
a little	57, 180
a living dog	169
a living room	169
a lot	180
a sewing machine	169
a sleeping baby	168
a sleeping car	168
a smoking room	169
a visiting card	169
a waiting room	169
a walking stick	169
about	76
above	75
Absolute Participial Construction	205
across	77
Active Voice	144
Adjective	7, 55
Adjective Modifier	5
admit	165
Adverb	7, 63
Adverbial Modifier	6
advise	216
Affirmative Sentence	15
afraid	56
after	72, 125
against	78, 79
agree	156
alike	56
alive	56
all	195
alone	56
along	77
already	186
although	125
am, is, are＋being＋過去分詞	146
am, is, are＋過去分詞	145
among	76
an	38
and	28
another	49, 50
any	195
anybody	51
anyone	51
anything	51
appreciate	165
aren't	16
around/round	76
Article	38
as	125
as＋原級＋as ～	175
as＋原級＋as one can	176
as＋原級＋as possible	176
as far as	128
as if(=though)＋S＋過去形	211
as if(=though)＋S＋had＋過去分詞	212
as long as	128
as soon as	125, 127
ashamed	56
ask	156, 216
asleep	56
at	70, 73, 82
at a loss	84
Auxiliary Verb	129
avoid	165
awake	56
aware	56

[B]

be	96, 129
be about to＋動詞の原形	112
be accustomed to ～ing	173
be aware of	87
be covered with	152
be delighted at	152
be far from ～ing	173
be going to	111
be interested in	151
be known to	152
be pleased with	152
be satisfied with	152
be surprised at	152
be to＋動詞の原形	112
be used to ～ing	142, 173
be worth ～ing	172
because	125
before	77, 125, 185
beg	216
begin	156, 165
behind	77
being＋過去分詞	171, 204
below	75
beneath	74
between	76
between A and B	76
beyond	78
be 動詞＋to 不定詞	159
be 動詞の短縮形	16
Bill's	184
both A and B	123
brave	158
bring up	153
but	28
by	71, 92
by far	181
by oneself	45
by people	151
by the time	125
by them	151
by us	151
By who … ?	149

250

By whom … ?	149	elder	55
by you	151	endure	165
		enjoy	165
〔C〕		enough	65
can	133	enough to＋動詞の原形	65, 160
can, could	133	escape	165
cannot but＋動詞の原形	172	even	180, 182
cannot help 〜ing	171	even if	128
can't	16	even though	128
can't be	134	ever	185, 186
careless of	158	every	50, 195
clever	158	everybody	51
Collective Noun	36	everyone	51
Comparative Degree	175	everything	51
Comparison	175	exclaim	216
Complement	4, 8	Exclamation Mark	25
Complete Transitive Verb	10	Exclamatory Sentence	25
Complex Sentence	28	expect	156
Compound Sentence	28		
Conjunction	7, 121	〔F〕	
consider	165	Falling Intonation	19
considering 〜	206	far	180
Continuative Use	192, 199	feel	161
continue	156, 165	feel like 〜ing	172
Co-ordinate Conjunction	121	few	57
could	133	finish	165
could be	134	Five Sentence Patterns	8
couldn't	16	for	28, 72, 75, 79, 87
Countable Noun	34		
cry (out)	216	for oneself	46
dare	143	forget	165
decide	156	forget 〜ing	166
		forget to 〜	166
〔D〕		for をとる授与動詞	11
Declarative Sentence	15	frankly speaking	206
defer	165	from	72, 77, 78, 79, 89
Definite Article	38		
delay	165	Future Past Tense	189
deny	165	Future Perfect Progressive Form	191
Derivative	218		
desire	156	〔G〕	
didn't	17	generally speaking	206
Direct Narration	213	Gerund	163
Direct Object	12	get＋目的語＋to 不定詞	162
dislike	165	get/become＋過去分詞	153
do	131	go＋〜ing	101
do not have to	138		
doesn't	17	〔H〕	
don't	16	had	207
down	75	had＋過去分詞	187
dread	165	had been＋過去分詞	147
drinking water	169	had been＋現在分詞	190
during	73	had to	137
Dynamic Verb	115	have got	97
		have got to 〜	137, 138
〔E〕		hate	156, 165
each	50	have	97, 131
each other	50	have＋to 動詞の原形	131, 137
either	50	have＋(代)名詞＋過去分詞	152
either A or B	123	have＋目的語＋原形動詞	162

have(had)＋過去分詞	131, 184
have(has) been＋過去分詞	147, 190
Have/has＋主語＋過去分詞 〜?	184
having＋過去分詞	171, 203
having been＋過去分詞	171, 204
he	44
hear of	87, 161
help＋目的語＋(to)原形動詞	162
her（所有格）	44
her（目的格）	44
Here is	9
hers	44
herself	45
he's	184
him	44
himself	45
his（所有格）	44
his（所有代名詞）	44
hope	156
how	17, 19, 68, 69, 198, 199
How＋形容詞（または副詞）〜?	69
How about 〜ing?	174
How long 〜?	184
hundreds of	61

〔I〕

I	44
I wish＋S＋had＋過去分詞	210
I wish＋S＋過去形	210
if	124, 125
If＋S＋現在形（または原形）	207
If＋S＋動詞過去形〜, S＋助動詞の過去形＋動詞原形	207
If it had not been for	211
If it were not for	211
If you 〜	122
I'm not	16
imagine	165
Imperative Sentence	23
in	71, 72, 73, 79
in case	125
in front of	77
in order to/so as to＋動詞の原形	160
Incomplete Intransitive Verb	9
Indefinite Article	38
Indirect Narration	213
Indirect Object	12
inferior	179
Infinitive	155
Interjection	7
Interrogative Sentence	17
into	73, 79
Intransitive Verb	114
involve	165
isn't	16
It goes without saying that 〜	173
It is＋形容詞＋that 節	141
It is about time＋S＋過去形	212

It is high time＋S＋過去形	212
It is no use(good) 〜ing	164, 172
It is not until（または till）…that 〜	127
It is time＋S＋過去形	212
it（主格）	44
it（目的格）	44
its（所有格）	44
itself	45
I've	184

〔J〕

judging from	205
junior	179
just	186

〔K〕

keep(prevent) … from 〜ing	173
know of	87

〔L〕

lately	186
learn	156
let＋目的語＋原形動詞	162
Let me see.	25
Let's 〜, shall we?	22
Let's＋命令文	25
Let's＋命令文の否定形	25
Let を使う間接的な命令文	24
lie	165
like	156, 165
listen to	161
little	57
look at	161
look up to	153
love	156, 165

〔M〕

made from	78
made into	79
made of	78
main	55
make＋目的語＋原形動詞	161
manage	156
many	57
may	135
May＋S＋V！	136
May I 〜?	135
may(=might) as well do 〜	136
may(=might) well do 〜	136
may(might) have＋過去分詞	136
me	44
mean	156
mention	165
mere	55
might	135
Might I 〜?	135
millions of	62
mind	165
mind 〜ing	173
mine	44

miss	165	on sale	85
more (比較級)	178	once	125, 185
most (最上級)	178, 182	one	48
much	57, 66, 180, 181	one another	50
		one of the＋最上級＋複数名詞	183
must	136	ones	49
must not	138	oneself	45
Must you ～?	137	only	55
mustn't	16	or(nor)	28
my	44	order	216
myself	45	other	49
		ought to	141
〔N〕		our	44
Narration	213	ours	44
need	143	ourselves	45
need not	138	out of	73
needless to say	158	over	75
needn't	16		
Negative Sentence	15	〔P〕	
neither	50, 51	Participial Construction	201
neither A nor B	123	Parts of Speech	6
never	185, 186, 203	Passive Voice	144
nice	158	Past Perfect Progressive Form	190
no	195	Past Perfect Tense	187
No (other) is as(so)＋原級＋as ～	176	Perfect Tense	184
no less than	181	plan	156
no more than	181	Positive Degree	175
no one	51	postpone	165
No, 主語＋haven't/hasn't.	184	practice	165
nobody	51	Predicate	1
not	203	Predicate Verb	3
not ～ until (または till) …	127	Prefixes	234
not A but B	123	Preposition	7, 70
not as(so)＋原級＋as ～	175	Present Perfect Progressive Form	190
not less than	181	Present Perfect Tense	184
not more than	181	pretend	156
not only A but (also) B	123	prevent	165
not so much A as B	176	promise	156
not so much as ～	176	Pronoun	6, 43
not, never＋動名詞	163	put off	153
nothing	51		
Nothing is as(so)＋原級＋as ～	176	〔Q〕	
Nothing(No ～)＋V＋比較級＋than ～	180	quit	165
notice	161	〔R〕	
Noun	6, 31	really	216
now	186	recall	165
		recommend	165
〔O〕		refuse	156
Object	3, 8, 165	regret	165
Objective Complement	5	regret ～ing	166
of	77, 78, 79, 85	regret to ～	166
of itself	46	Relative Adverb	198
of themselves	46	Relative Pronoun	192
off	77	Relatives	192
offer	156	remember	165
often	185	remember ～ing	166
on	71, 74, 84	remember to ～	166
on ～ing	173	remind of	87
on business	84	report	165

resist	165
Restrictive Use	192
Rising Intonation	17
roughly speaking	206
rude	158

〔S〕

S＋had hardly（または scarcely）＋過去分詞～＋when（または before）…	127
S＋had no sooner＋過去分詞＋than…	127
S＋V	8
S＋V＋C	9
S＋V＋IO＋DO	12
S＋V＋O	10, 144
S＋V＋O＋C	12, 145
S＋V＋O＋O	145
S＋V＋O＋原形不定詞	161
same	46, 48
say	216
see	161
seeing that ～	206
senior	179
several times	185
shall	140
Shall I ～?	140
Shall we ～?	140
shan't	16
she	44
she's	184
should	140, 207
shouldn't	16
shout	216
sigh	216
silly	158
Simple Sentence	28
since	72, 125
smart of	158
so	28
so that	125
…, so that ～	126
some	57
somebody	51
someone	51
something	51
speak of	87
start	156, 165
Stative Verb	115
still	180
stop	165
stop ～ing	167
stop to ～	167
strange to say	158
strictly speaking	206
stupid	158
Subject	1, 8
Subject Word	2
Subjective Complement	4
Subjunctive Future	209
Subjunctive Mood	207
Subjunctive Past	207
Subjunctive Past Perfect	208
Subjunctive Present	207
Subordinate Conjunction	124
such	46, 48
such ～ that…	126
Suffixes	218
suggest	165
superior	179
Superlative Degree	175

〔T〕

talk of	87
talking of	206
tell	216
thank	216
that	46, 124, 194, 195, 196
That's how ～	199
That's(This is) the way ～	199
that の注意すべき用法	195
the	38, 39
the＋最上級＋of または in ～	181
the＋序数詞＋最上級	182
the＋比較級～, the＋比較級…	179
the last	195
the last＋名詞＋to 不定詞	183
the least＋原級	183
the moment	127
the only	195
the same	195
the thing(s) which	196
the very	195
their	44
theirs	44
them	44
themselves	45
there happened	9
there is	9
There is no ～ing	172
There lived	9
There＋V＋S	9
these	46
they	44
they've	184
the をつけない最上級	182
this	46
those	46
those which	196
though	125
thousands of	62
three times	185
through	73, 77
till	71, 125
～ times as＋原級＋as…	176
to	75, 90
to be frank with you	158

to be honest	158		192, 196, 199
to begin with	158	whom	52, 193
to speak frankly	158	whose	52, 53, 193, 194
to tell you the truth	158	why	17, 19, 68, 198, 199
too ＋形容詞または副詞 ＋to＋動詞の原形	160	will	138
toward(s)	75	will＋have＋過去分詞	189
Transitive Verb	114	will be able to	133
try	165	will have been＋現在分詞	191
try 〜ing	166	will have to	137
try to 〜	166	Will you 〜?	139
twice	185	will(shall) be＋過去分詞	146
		will(shall) have been＋過去分詞	147
〔U〕		wise	158
Uncountable Noun	31	wish	156
under	75	wish を使った仮定法	210
unless	125	with	93
Unless you 〜	122	within	72
until	71, 125	won't	16
up	75	would	138
us	44	would like＋O＋to＋動詞の原形	139
used to 〜	142	would like to＋動詞の原形	139
		Would you 〜?	139
〔V〕			
Verb	6, 8, 95	〔Y〕	
very	66, 181, 216	Yes, 主語＋have/has.	184
		yet	28, 186
〔W〕		you（主格）	44
want	156	you（目的格）	44
was, were＋being＋過去分詞	147	your	44
was, were＋過去分詞	146	yours	44
was/were able to	133	yourself	45
wasn't	16	yourselves	45
watch	161	you've	184
we	44		
were	207		
weren't	16		
we've	184		
what	17, 19, 52, 53, 196		
What about 〜ing?	174		
What date … ?	54		
What day … ?	54		
What do you say to 〜ing?	174		
what is called	197		
what is more	197		
What is the use(good) of 〜?	172		
what we call	197		
when	17, 19, 68, 125, 198, 200		
whenever	125		
where	17, 19, 68, 198, 200		
whether	124, 125		
whether 〜 or …	127		
which	19, 52, 53, 54, 193, 194, 196, 200		
while	125		
who	17, 19, 52,		

《日本語》

〔い〕

意志未来	110, 111
1人称	43
一般疑問文	17
一般主語	151
一般主語のある受動態	151

〔か〕

過去・過去分詞形	102
過去完了形	187
過去完了進行形	190
過去進行形	119
過去分詞の形容詞的用法	110
数えられない名詞	31
数えられる名詞	34
仮定法	207
仮定法過去	207, 211
仮定法過去完了	189, 207, 208, 211
仮定法現在	207
仮定法未来	207, 209
感覚を表す動詞	10
関係詞	192
関係詞の継続用法	199
関係代名詞	43, 192
関係副詞	198
冠詞	38
間接疑問文	22
間接目的語	3, 12
間接話法	213
完全自動詞	114
完全他動詞	10, 114
感嘆詞 How を使った感嘆文	25
感嘆詞 What を使った感嘆文	26
感嘆符	1, 25
感嘆文	1, 25
間投詞	7
完了形	184
完了形の分詞構文	203
完了進行形	190

〔き〕

基数詞	58
規則的な比較変化	177
規則動詞の活用	103
疑問詞を使う疑問文	149
疑問代名詞	19, 43, 52
疑問符	1
疑問副詞	19, 68
疑問文	1, 17
強意（比較）	182
強意用法（再帰代名詞）	45

〔く〕

句	2
句＋等位接続詞＋句	121
群動詞の受動態	153

〔け〕

形式主語	164
継続用法（関係詞）	192, 199
継続用法（完了形）	184, 187, 189
継続を表す動詞	10
形容詞	7, 55
形容詞化した過去分詞	67
形容詞的修飾語	5
形容詞を補語に取る動詞	14
「原因」の過去分詞	113
原級	175
原級の用法	175
原形	95
原形不定詞	155, 161
現在完了形	184
現在完了進行形	190
現在形	95
現在進行形	118
現在分詞＋名詞	169
現在分詞形	99
現在分詞の作り方	99
限定用法（関係詞）	192
限定用法（形容詞）	55

〔こ〕

語＋等位接続詞＋語	121
肯定の命令文	23
肯定文	15
5文型	8
固有名詞	33

〔さ〕

再帰代名詞	43, 45
再帰用法	45
最上級	175
最上級の強調	181
最上級の用法	181
3単現·(e)s のつけ方	98
3人称	43

〔し〕

使役動詞	161
指示代名詞	43, 46
時制の一致による過去完了形	188
自動詞	114
集合名詞	36
修辞疑問文	23
終止符	1
修飾語	5
従属接続詞	29, 121, 124
重文	28
主格補語	4
主語	2, 8
主語＋形容詞の最上級	182
述語動詞	2, 3, 8
述部	1
受動態	129, 144
受動態の疑問文	148
受動態の時制	145
受動態の否定文	148

受動態の分詞構文	204	〔と〕	
受動態を作る文型	144	等位接続詞	28, 121
主部	1	動作動詞	116
授与動詞	10, 11	動詞	3, 6, 95
状態動詞	10, 115	動詞＋接尾辞	218
状態動詞で動作動詞	116	動名詞	163
「状態」の過去分詞	113	動名詞＋名詞	168
叙述用法（形容詞）	56	動名詞だけを目的語にとる動詞	165
序数詞	58, 60	動名詞と不定詞の両方を	
助動詞	129	目的語にとる動詞	165
助動詞がある文の受動態	150	動名詞の意味上の主語	169
助動詞の短縮形	16	動名詞の形	163
所有代名詞	43, 44	動名詞の慣用的表現	171
進行形	117, 129	動名詞の完了形	171
真主語	164	動名詞の完了形の受動態	171
		動名詞の受動態	171
〔す〕		動名詞の性質	163
数詞	58	動名詞の否定形	163
数量を表す形容詞	57	動名詞の用法	169
		時を表す前置詞	70
〔せ〕		特殊な感嘆文	27
節	2	特殊な最上級	182
節＋等位接続詞＋節	122	特殊な付加疑問文	22
接尾辞	218	特別疑問文	19
接続詞	7, 121	独立不定詞	158
接頭辞	234	独立分詞構文	205
先行詞	192		
選択疑問文	20	〔に〕	
前置詞	7, 70	2人称	43
前置詞＋関係代名詞	197	人称代名詞	43
		人称代名詞語形変化	44
〔た〕		人称代名詞の格	43
態	144	人称代名詞の格変化	44
第1文型	8		
第2文型	9	〔は〕	
第3文型	10, 144	場所を表す前置詞	73
第4文型	12, 145	派生語	218
第5文型	12, 145		
代動詞 do	133	〔ひ〕	
代名詞	6, 43	比較	175
他動詞	114	比較級	175
単純副詞	63	比較級（-er または more 〜）＋than …	179
単純未来	110, 138	比較級＋and＋比較級	180
単文	28	比較級＋than any(other)＋単数名詞	180
		比較級・最上級の作り方	177
〔ち〕		比較級の強調	180
知覚動詞	13, 161	比較級の用法	179
注意が必要な比較級	181	否定の疑問文	18
注意すべき受動態	151	否定の命令文	24
抽象名詞	32, 41, 218	否定文	15
直接目的語	3, 12	非人称独立分詞	205
直接話法	213	ピリオド	1
		品詞	6
〔て〕			
定冠詞	38, 39	〔ふ〕	
伝達文が感嘆文	216	付加疑問節	21
伝達文が疑問文	215	付加疑問文	21
伝達文が平叙文	215	不完全自動詞	9, 10, 114
伝達文が命令文	216	不完全他動詞	114
		不規則的な比較変化	178

不規則動詞の活用	105
複合不定代名詞	51, 55
副詞	7, 63
副詞的修飾語	6
複数形の規則変化	34
複数形の作り方	34
複数形の不規則変化	35
複文	28, 29
普通名詞	34
物質名詞	31
不定冠詞	38
不定詞	155
不定詞だけを目的語にとる動詞	156
不定詞と動名詞の両方を目的語にとる動詞	156
不定詞の形容詞的用法	5
不定詞の用法	155
不定詞を用いた構文	158
不定代名詞	43, 48
分詞構文	201
分詞構文が表す意味	202
分詞構文の否定形	203
文の構成	1
文の構造	28
文の種類	15
文の表現内容	15
文の要素	2

〔へ〕

平叙文	1, 15
変化を表す動詞	10

〔ほ〕

補語	2, 4, 8

〔み〕

未来完了形	189
未来完了進行形	191
未来形	110
未来進行形	120
未来を表す現在形	112
未来を表す現在進行形	112

〔め〕

名詞	6, 31
名詞形を表す接尾辞	218
名詞節	68
名詞を補語に取る動詞	13
命令文	23
命令文＋and …	122
命令文＋or …	122

〔も〕

目的格補語	5
目的語	2, 3, 8

〔ら〕

ラテン語に由来する語の比較級	179

〔わ〕

話法	213
話法の原則	213

はしがき

　大学での英語教育に携わっていますが、学生の気質や学生を取り巻く環境が如何に変わろうとも、基礎的文法事項の定着度の低さや英語に対する苦手意識に悩む学生の数にはあまり変化がないようです。毎年オリエンテーション時に学生に自己紹介文を英語で書かせますが、文法的な間違いをせずに簡潔明瞭に書くことができる学生は少数で、全体的に基礎的な文法ミスが目立ちます。説明を受ければ認識することができる文法の規則も自力では自由に操れないようです。オーラル的な側面が強調されるコミュニケーション能力重視の風潮の中、その重要度に異論はありませんが、言語の根幹とも言える文の規則性を理解することは、英語学習においても必要最低条件であると言えるでしょう。英語は母語として、第2言語として、あるいは政治、ビジネス、メディアと様々な分野での共通語として世界中で広範に使用されています。おのずと variation も生まれますが、文の形式を扱う文法には比較的均一性があります。ここでは、標準文法に焦点を当て、文法項目の配列を緩やかにして、なるべく平易で日常生活に身近な例文を使いながら、英語文法の規則性を詳解したつもりです。本書が英語文法の再入門書として、英語でのコミュニケーション能力の向上を目指す方々の基礎力づくりのお役に立てれば幸いです。

2010年3月

　　　　　　　　　　　　　　　　　　　　　　　　　　　　　　　　高谷伴江

著者紹介

たかや　ともえ
髙谷　伴江

専門：英語教育。コロンビア大学修士課程修了。
職業能力開発総合大学校助教授、学習院大学講師。

著書：English Companion（共著）一橋出版、「銀幕英会話倶楽部・慕情」福武書店、「やさしい英文リーディング」・「独習マニュアル徹底研究、スピーキング編」・「褒め言葉・慰め言葉、人を励ます宗教的表現」等アルク"English Journal"にて連載。

実践英語文法詳解

2010年3月31日　初版第1刷発行

著　者　　髙谷伴江

発行者　　原　雅久

発行所　　株式会社朝日出版社
　　　　　〒101-0065 東京都千代田区西神田3-3-5
　　　　　TEL (03)3263-3321（代表）
　　　　　FAX (03)5226-9599

印刷所　　日経印刷株式会社

乱丁，落丁本はお取り替えいたします
© Tomoe Takaya
ISBN978-4-255-00519-5　C0082　*Printed in Japan*